쑥쑥 타자실력

KB066684

차시	날짜	빠르기	정확도	확인란
1	월 일	타	%	
2	월 일	타	%	
3	월 일	타	%	
4	월 일	타	%	
5	월 일	타	%	
6	월 일	타	%	
7	월 일	타	%	
8	월 일	타	%	
9	월 일	타	%	
10	월 일	타	%	
11	월 일	타	%	
12	월 일	타	%	

차시	날짜	빠르기	정확도	확인란
13	월 일	타	%	
14	월 일	타	%	
15	월 일	타	%	
16	월 일	타	%	
17	월 일	타	%	
18	월 일	타	%	
19	월 일	타	%	
20	월 일	타	%	
21	월 일	타	%	
22	월 일	타	%	
23	월 일	타	%	
24	월 일	타	%	

이 책의 목차

처음부터 차근차근 따라하다 보면
어느새 나도 한글 2022 전문가!!

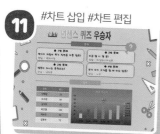

01

#화면 구성 #글자 삽입&수정 #문서 저장

한글 2022와 친해지기

학습목표

☆ 한글 2022를 실행하고, 화면 구성을 이해할 수 있어요.

☆ 저장된 문서를 불러와 편집할 수 있어요.

☆ 작성한 문서를 저장할 수 있어요.

 한글 2022 글과 그림이 있는 문서를 만들어야 할 때 손으로 쓰거나 그리면 시간이 너무 오래 걸리죠? 이럴 때 한글 2022 프로그램을 사용하면 문서 편집을 쉽고 빠르게 할 수 있어요.

미리보기 | 실습파일 : 캐치마인드(예제).hwp 완성파일 : 캐치마인드(완성).hwp |

게임방법

❶ 마린이의 그림을 보고 정답 단어를 맞히는 게임이에요.

❷ 자, 그럼 지금부터 〈마린캐치마인드〉를 시작해 볼까요?

발명품

한글 2022가 뭐예요?

한글 프로그램은 선생님, 학생, 회사원 등 많은 사람들이 다양한 용도로 사용하는 프로그램으로 글자뿐만 아니라 표, 차트, 클립아트, 그림 등을 활용해 다양한 형태의 문서를 작성할 수 있어요.
우리가 체험학습 보고서나 수행평가 보고서 등을 작성할 때도 한글 프로그램을 활용하면 더 쉽고 빠르게 멋진 결과물을 만들 수 있답니다!

STEP 01 : 한글 2022와 처음 만나기

1 ▸ 한글 2022를 실행하기 위해 [시작(▦)]-[한글 2022(▦)]를 선택해요.

2 ▸ 한글 2022 프로그램이 실행되면 Esc 를 눌러 화면 구성을 알아보아요.

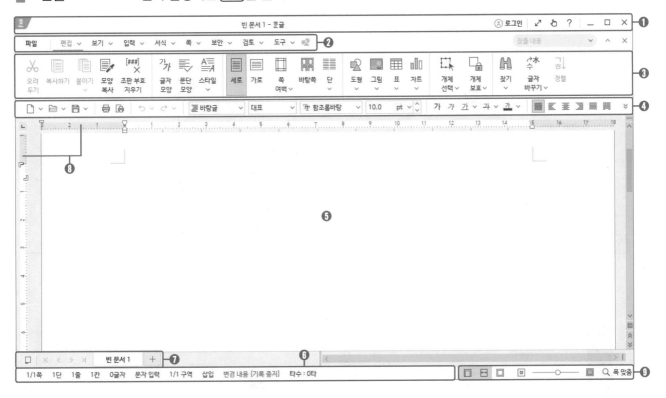

❶ **제목 표시줄** : 작업 중인 파일명이 표시되고, 창 크기 조절을 위한 최소화, 최대화, 닫기 단추가 있어요.

❷ **메뉴** : 프로그램에서 사용하는 메뉴를 비슷한 기능별로 묶어 놓은 곳이에요.

❸ **기본 도구 상자** : 각 메뉴에서 자주 사용하는 기능을 그룹별로 묶어서 아이콘으로 제공해요.

❹ **서식 도구 상자** : 문서 편집 시 자주 사용하는 기능을 모아 아이콘으로 묶어 놓은 곳이에요.

❺ **편집 창** : 글자나 그림과 같은 내용을 넣고 꾸미는 작업 공간이에요.

❻ **상황 선** : 편집 창의 상태 및 커서가 있는 곳에 대한 정보 등을 보여주는 곳이에요.

❼ **문서 탭** : 작성 중인 문서와 파일명을 표시하며, 새 탭을 추가할 수 있어요.

❽ **가로 눈금자/세로 눈금자** : 개체의 가로, 세로 위치나 너비를 파악하기 위해 사용해요.

❾ **화면 보기 및 확대/축소** : 쪽 윤곽, 폭 맞춤, 쪽 맞춤을 지정할 수 있으며, 화면을 확대 및 축소할 수 있어요.

STEP 02 : 문서를 불러와 수정하기

1 ▸ 문서를 불러오기 위해 [파일]–**[불러오기]**를 선택해요.

2 ▸ [불러오기] 대화상자가 나타나면 [01차시] 폴더에서 **캐치마인드(예제).hwp**를 선택하고 <열기>를 클릭해요.

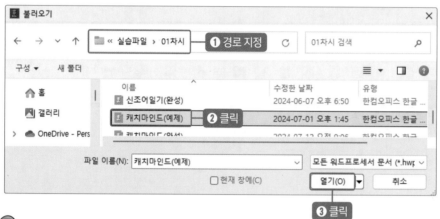

LEVEL UP! 문서 불러오기

한글 2022를 실행한 후 [내 컴퓨터에서 불러오기]를 선택하여 파일을 불러올 수도 있어요.

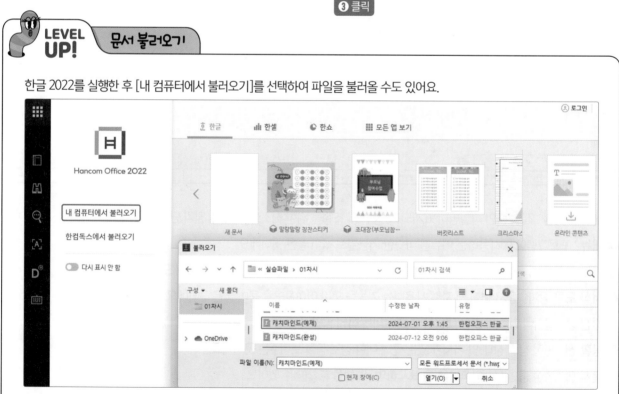

3 ▸ 문서가 열리면 파일 이름이 제목 표시줄에 표시되고 상황 선에 **1/2쪽**이라고 표시돼요. 확대 및 축소에서 **축소**(◻)를 여러 번 클릭하면 1~2쪽을 한 번에 확인할 수 있어요.

 LEVEL UP! 상황 선 및 화면 확대 / 축소

- **1/2쪽** : 전체 2쪽으로 된 문서이며 현재 커서가 1쪽에 있음을 나타내요.
- 확대(◻)를 클릭하면 문서가 확대되고 한 페이지로 볼 수 있어요.

4 ▸ Page Down 을 눌러 2쪽으로 이동한 후 확대(◻)를 여러 번 클릭하세요. 화면이 확대되면 발 모양 그림의 **정답 입력** 앞을 클릭한 후 Delete 를 눌러 글자를 지우고 정답 입력해요.

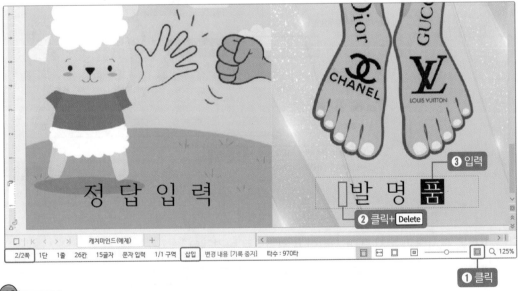

 LEVEL UP! 삽입 / 수정

상황 선의 [삽입/수정] 상태가 [삽입]일 때는 커서가 위치한 곳에 글자가 삽입되어 입력되고 [수정]일 때는 글자가 지워지면서 입력돼요. [삽입/수정] 상태는 키보드의 Insert 를 눌러 변경할 수 있어요.

5 ▸ 나머지 정답도 그림을 참고하여 입력해 보세요.

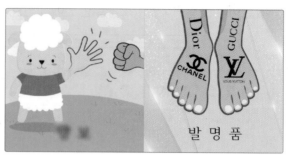

발명품

1 ▸ 문서를 저장하기 위해 [파일]-**[다른 이름으로 저장하기]**를 선택해요. [다른이름으로 저장] 대화상자가 나타나면 문서를 저장할 위치를 선택하고 파일 이름을 입력한 후 <저장>을 클릭해요.

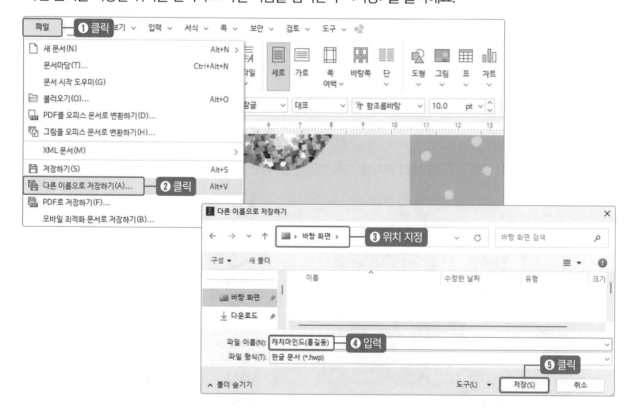

2 ▸ 문서가 저장되면 **제목 표시줄**과 **문서 탭**이 저장한 파일명으로 변경돼요.

1 '신조어일기(예제).hwp' 문서를 불러와 내용을 입력하고 '신조어.hwp'로 저장해 보세요.

· 실습파일 : 신조어일기(예제).hwp   · 완성파일 : 신조어일기(완성).hwp

2 '강아지품종(예제).hwp' 문서를 불러와 품종을 입력하고 '강아지.hwp'로 저장해 보세요.

· 실습파일 : 강아지품종(예제).hwp   · 완성파일 : 강아지품종(완성).hwp

02 특수문자로 암호 편지 풀기

학습목표

✿ 영문자를 입력할 수 있어요.
✿ 한글을 한자로 변환할 수 있어요.
✿ 특수문자를 입력할 수 있어요.

✿ **글자 입력** 한글 프로그램에서는 한글, 영문, 특수문자, 한자 등 다양한 글자들을 입력할 수 있기 때문에 문서 작성이 쉽고 편해요.

미리보기

실습파일 : 암호편지(예제).hwp 완성파일 : 암호편지(완성).hwp

·-Mission 쪽지의 암호를 풀어라!

우리집 막내 짹짹이가 알 수 없는 그림들로 가득한 쪽지를 남겨놓고 사라졌어요. 도깨비 글씨처럼 보이는 이 편지엔 무슨 내용이 쓰여있을까요? 힌트를 완성해 편지의 암호를 풀면 짹짹이가 어디에 있는지 알 수 있어요.

좋아하는 ▢▢가 ▧▧▢에서 ▢▢▢요.

▢▢의 이름은 끼룩이에요. ▢▢랑

▧▧▢에서 먹이 ▢▢을 하고 놀다가

▢▢에 다시 ▢으로 갈 거예요.

▧▢까지 ▢▢▢ 주세요~!

힌트

A	구	月	기	★	가
○	바	火	사	☎	친
E	름	水	저	♥	다
X	냥	木	려	◇	이
W	녁	金	집	♠	닷

STEP 01 : 영문자 입력하기

1 ▸ **암호편지(예제).hwp** 문서를 불러와요. 암호 편지를 해독하려면 힌트를 완성해야 해요. 문서 아래쪽에 있는 힌트의 첫 번째 칸을 클릭하세요.

2 ▸ 한/영을 눌러 영문 상태가 활성화되면 Shift를 누른 채 A를 눌러 대문자 A를 입력해요.

 LEVEL UP! 　영문 대문자 입력

Caps Lock을 누르면 Shift를 누르지 않고 계속해서 영문 대문자를 입력할 수 있어요.

3 ▸ 아래쪽 방향키(↓)를 눌러 같은 방법으로 영문을 모두 입력해요.

1 ▸ 두 번째 표에 한자를 입력하기 위해 그림처럼 요일을 각각 입력해요.

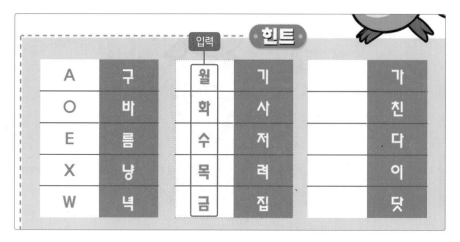

2 ▸ **월** 글자 뒤에 커서를 위치시키고 한자를 눌러요. [한자로 바꾸기] 대화상자에 "월"에 해당하는 한자들이 나오면 **月**을 선택하고 <바꾸기>를 클릭해요.

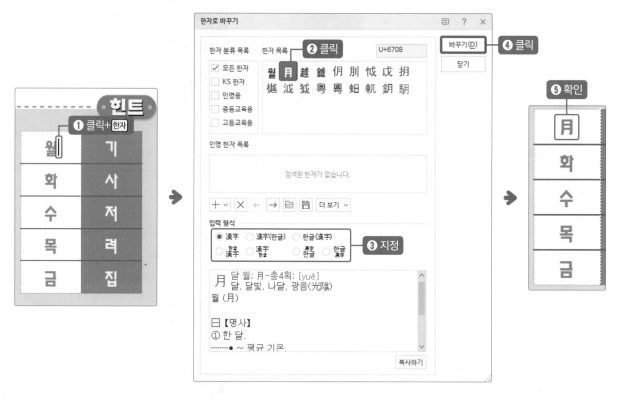

LEVEL UP!

입력 형식

[한자로 바꾸기] 대화상자의 '입력 형식'은 한글을 한자로 변환할 때 다양한 형식을 지정하여 입력할 수 있어요.

3▸ 같은 방법으로 다른 요일들도 한자로 모두 바꿔봐요.

STEP 03 : 특수 문자 입력하기

1▸ 세 번째 표에 특수 문자를 입력하기 위해 커서를 위치시키고 [입력]–[문자표]–**[문자표]**를 선택해요.

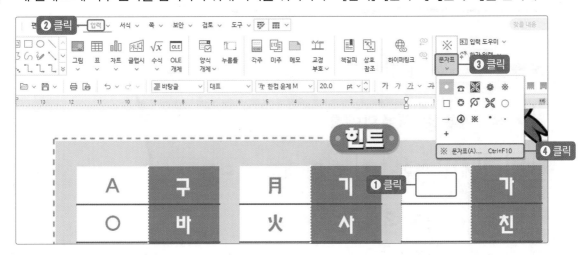

LEVEL UP! 문자표

문자표 바로 가기 키 : [Ctrl] + [F10]

2▸ [문자표] 대화상자의 [훈 글(HNC) 문자표]–**[전각 기호(일반)]**에서 ★을 선택한 후 <넣기>를 클릭해요.

3 ▸ 같은 방법으로 그림처럼 특수문자를 입력해요.

4 ▸ 힌트 표가 완성되면 암호에 해당하는 글자를 찾아 편지의 암호를 지우고 글자를 입력해보세요.

5 ▸ 암호를 해독한 편지를 읽어보고 질문에 답을 적어 보세요.

• 짹짹이의 친구 끼룩이는 지금 어디에 있나요?

• 짹짹이는 언제 집으로 올까요?

1 '버킷리스트(예제).hwp' 문서를 불러와 작성 조건에 맞게 내용을 입력해 보세요.

• 실습파일 : 버킷리스트(예제).hwp   • 완성파일 : 버킷리스트(완성).hwp

My Life Is Happy

나의 초등시절
버킷리스트

❤버킷리스트란?❤

살아가면서 꼭 한 번 쯤은 해 보고 싶은 것들을 정리한 목록을 의미해요.
내가 초등학생 때 이루고 싶은 버킷리스트 5개를 작성해 보세요!

❶ 고양이
키우기   ☺애교 많은 개냥이를 키우고 싶다.

❷ 컴퓨터
자격증 취득   ⌨컴퓨터를 열심히 배워 자격증을 5개 이상 취득할 것이다.

❸ 부모님께
용돈 드리기   내가 모은 돈으로 부모님께 용돈을 드려야지💰

❹ 책 300권
읽기   📖책(book) 300권을 읽고 독서 마라톤 1등 해야지!

❺ 친한 친구와
버스 여행   친구(親舊)와 버스를 타고 가까운 여행지에 다녀오고 싶다.

작성
조건
• 특수 문자 입력
 – [사용자 문자표]-[특수기호 및 딩뱃기호]
• 한자 변환 : 입력 형식 '한글(漢字)'

03

글자 모양과 문단 모양으로 문서 꾸미기

✗ 문서에 글자 모양을 설정할 수 있어요.

✗ 문서에 문단 모양을 설정할 수 있어요.

 글자 모양&문단 모양   얼굴에 화장을 하고 머리를 꾸미면 더 예뻐지는 것처럼 글자에도 글자 모양과 문단 모양을 지정하면 보기 좋은 문서를 완성할 수 있어요.

미리보기   실습파일 : 해우재(예제).hwp   완성파일 : 해우재(완성).hwp

해우재(똥박물관)

◆ 박물관 위치 : 경기도 수원시 장안구
◆ 입장료 : 무료
◆ 관람방법
 - 단체 관람 : 예약 필수, 관람 예절 준수 서약서 필수 지참
 - 개인 관람 : 예약 없음, 자유 관람
◆ 박물관 설명
 - 세상에서 단 하나뿐인 변기 모양의 박물관으로 똥에 대한 다양한 상식
   과 재미있는 게임을 즐길 수 있어요.
 - 세계 여러 나라의 옛날에 사용했던 화장실부터 현대 화장실까지 다양한
   종류의 화장실을 체험해 볼 수 있어요.

STEP 01 ⋮ 글자 모양으로 제목 꾸미기

1 ▸ 해우재(예제).hwp 문서를 불러와 제목을 마우스로 드래그하여 블록으로 지정한 후 [서식] 탭-[글자 모양(가)]을 선택해요.

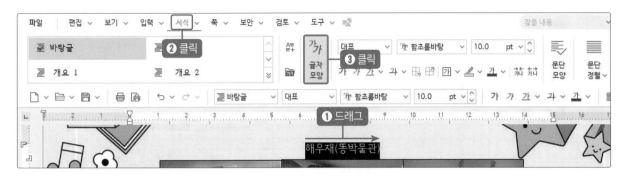

LEVEL UP! 글자 모양

글자 모양 바로 가기 키 : Alt + L

2 ▸ [글자 모양] 대화상자가 나타나면 [기본] 탭과 [확장] 탭을 다음과 같이 지정하고 <설정>을 클릭해요.

❷ 24pt ❸ HY나무B ❹ -5 ❺ 진하게 ❻ 외곽선 ❼ 그림자 ❽ 주황 ❿ X, Y 방향 : 15%

3 ▸ Esc 를 누른 후 **똥** 글자만 블록으로 지정하고 [서식] 탭-[글자 모양(가)]을 선택해요.

4 ▸ [글자 모양] 대화상자에서 [기본] 탭과 [확장] 탭의 **글자 색**과 **강조점**을 지정하고 <설정>을 클릭해요.

❷ 연한 노랑 75% 어둡게 ❹ [점]

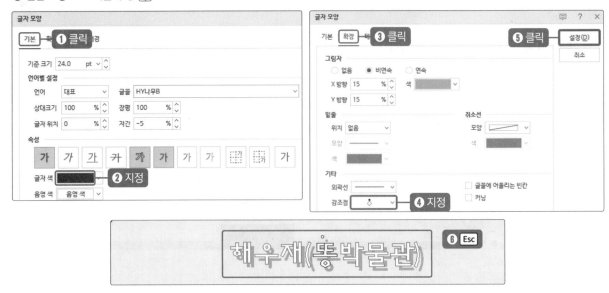

STEP 02 : 본문에 글꼴 서식 지정하기

1 ▸ 본문을 마우스로 드래그하여 블록으로 지정하고 [서식] 도구 상자에서 **글꼴, 글꼴 크기, 속성**을 지정해요.

❷ 글꼴 : HY나무L ❸ 글자 크기 : 12pt ❹ 진하게

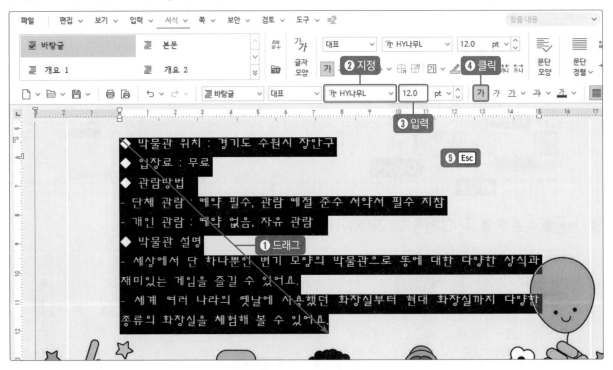

2 ▸ 본문 첫 번째 줄의 ◆ **박물관 위치**를 블록으로 지정하고 [서식] 도구 상자에서 글자 색을 **하늘색 25% 어둡게**로 지정해요.

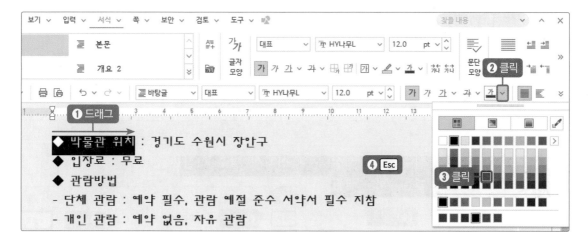

3 ▸ 같은 방법으로 본문의 항목 글자들을 모두 같은 색으로 변경해요.

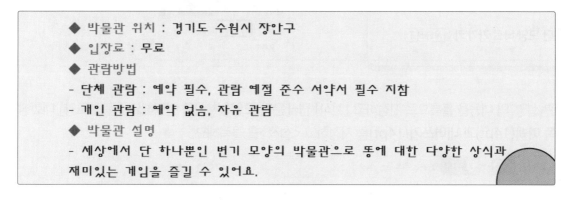

STEP **03** : **본문에 줄 간격 및 문단 모양 지정하기**

1 ▸ 본문 전체를 블록으로 지정하고 [서식] 도구 상자에서 줄 간격을 **150%**로 지정해요.

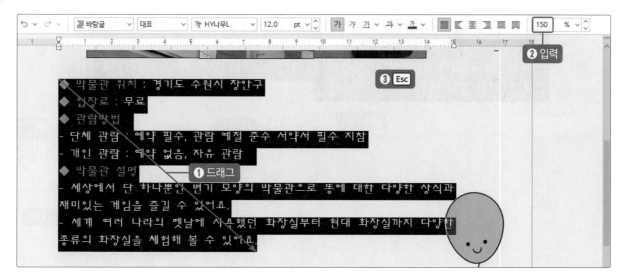

2 ▸ "관람방법"의 세부 내용을 블록으로 지정하고 [서식] 탭-[문단 모양(▤)]을 선택해요. [문단 모양] 대화상자에서 **왼쪽 여백**을 **14pt**로 지정하고 <설정>을 클릭해요.

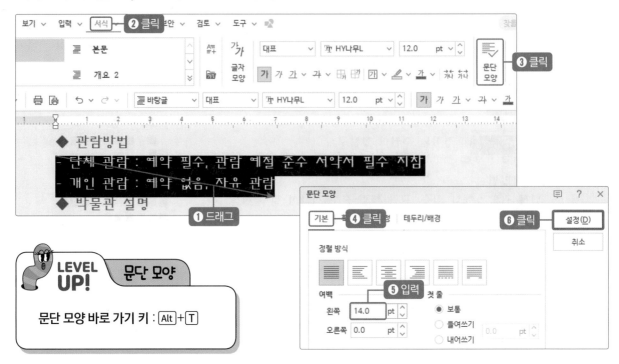

3 ▸ "박물관 설명"의 내용을 블록으로 지정하고 [서식] 탭-[문단 모양(▤)]을 선택해요. [문단 모양] 대화상자에서 **왼쪽 여백(14pt)**과 **내어쓰기(14pt)**를 지정하고 <설정>을 클릭해요.

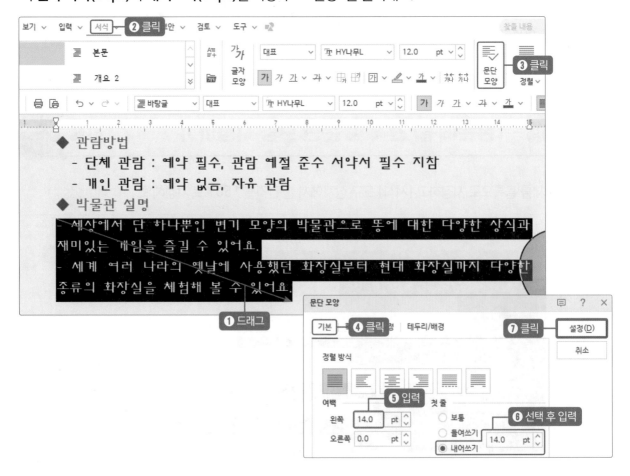

1 '여행(예제).hwp' 문서를 불러와 작성 조건에 맞게 내용을 편집해 보세요.

· 실습파일 : 여행(예제).hwp   · 완성파일 : 여행(완성).hwp

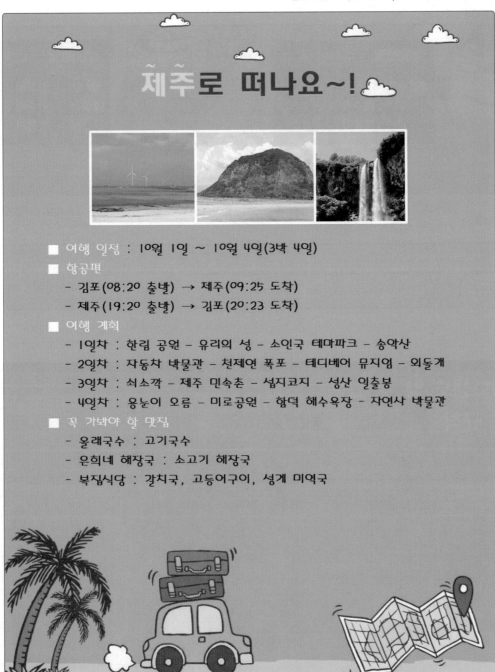

■ 여행 일정 : 10월 1일 ~ 10월 4일(3박 4일)
■ 항공편
　- 김포(08:20 출발) → 제주(09:25 도착)
　- 제주(19:20 출발) → 김포(20:23 도착)
■ 여행 계획
　- 1일차 : 한림 공원 - 유리의 성 - 소인국 테마파크 - 송악산
　- 2일차 : 자동차 박물관 - 천제연 폭포 - 테디베어 뮤지엄 - 외돌개
　- 3일차 : 쇠소깍 - 제주 민속촌 - 섭지코지 - 성산 일출봉
　- 4일차 : 용눈이 오름 - 미로공원 - 함덕 해수욕장 - 자연사 박물관
■ 꼭 가봐야 할 맛집
　- 올래국수 : 고기국수
　- 은희네 해장국 : 소고기 해장국
　- 복집식당 : 갈치국, 고등어구이, 성게 미역국

작성
조건
· 제목 전체 : 글꼴, 글자 크기, 속성, 글자색, 그림자, 강조점 지정
· 본문 전체 : 글꼴, 글자 크기, 속성, 글자색, 줄 간격 지정
· 본문 세부 내용 : 왼쪽 여백 지정

#문단 번호 #글머리표 #그림 글머리표

문단 번호와 글머리표로
야구 규칙 알아보기

❀ 문단 번호를 설정하고 문단 번호의 수준을 높이거나 낮출 수 있어요.

❀ 글머리표를 삽입할 수 있어요.

❀ 그림 글머리표를 삽입할 수 있어요.

❀ 문단 번호&글머리표   여러 줄에 걸쳐 내용을 입력할 때 문단의 맨 앞에 기호를 붙이거나 번호를 매길 수 있어요. 글머리표나 번호를 적절하게 사용하면 복잡한 내용도 깔끔하게 정리할 수 있어요.

미리보기   실습파일 : 야구(예제).hwp   완성파일 : 야구(완성).hwp

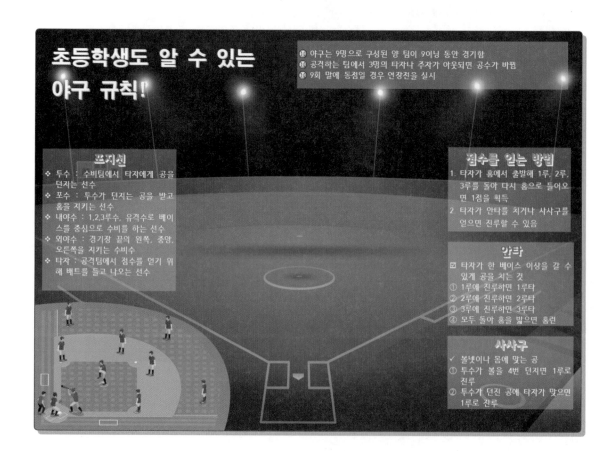

STEP 01 : 문단 번호 지정하기

1 ▶ **야구(예제).hwp**를 불러와 점수를 얻는 방법의 내용을 마우스로 드래그하여 블록으로 지정해요. 이어서, [서식] 탭-[문단 번호(目)]-[**1. 가. 1) 가) (1) (가) ①**]를 선택해요.

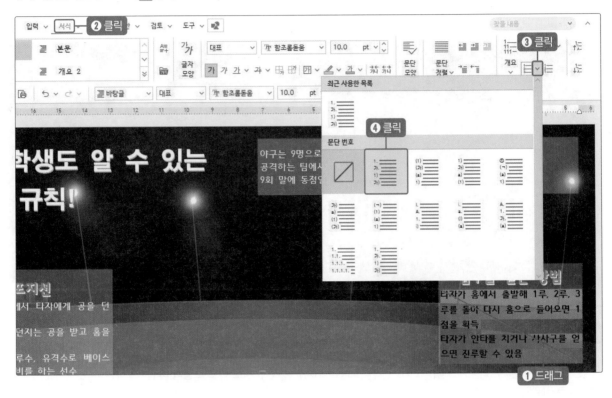

2 ▶ 이번에는 안타에서 문단 번호를 지정할 안타 종류만 블록으로 지정하고 [서식] 탭-[문단 번호(目)]-[**1. 가. 1) 가) (1) (가) ①**]를 선택해요.

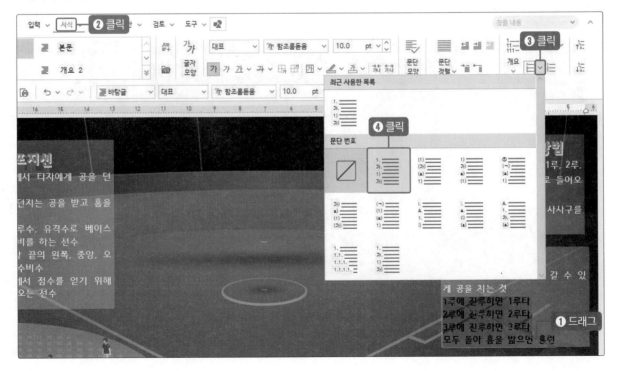

3 ▸ 적용된 문단 번호 모양을 변경하기 위해 [서식] 탭-[**한 수준 감소(**🔽**)**]를 선택해요. 문단 번호 모양이 **가로** 바뀌면 [한 수준 감소]를 **5번** 더 눌러 ① 모양으로 바꿔주세요.

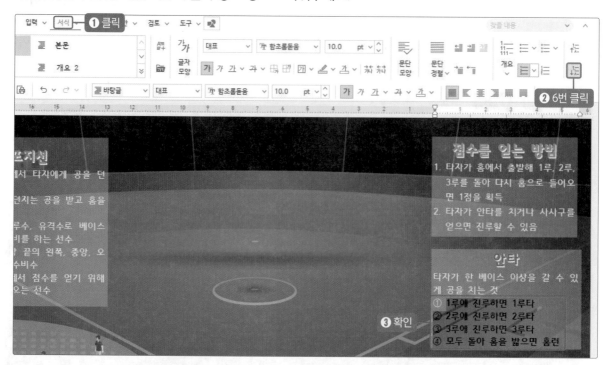

LEVEL UP! 한 수준 감소(🔽)

[한 수준 감소]를 누르면 1. → 가. → 1) → 가) → (1) → (가) → ① 순서로 번호 모양이 바뀌어요. [한 수준 증가]는 반대 순서로 바뀌니 참고해 주세요.

4 ▸ 같은 방법으로 사사구 종류도 **문단 번호(①)**를 지정해요.

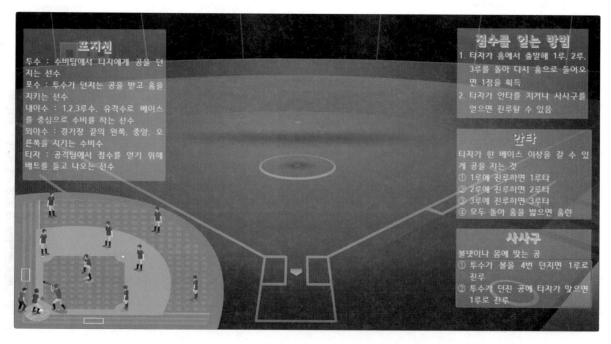

1 ▸ 안타 설명을 마우스로 드래그하여 블록으로 지정하고 [서식] 탭-[글머리표(☰)]-[☰]를 선택해요.

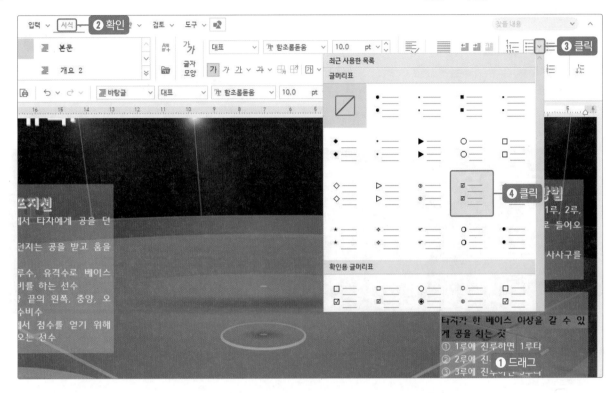

2 ▸ 안타에 글머리표가 삽입되면 같은 방법으로 **사사구 설명**과 **포지션 설명**에 원하는 글머리표를 추가해요.

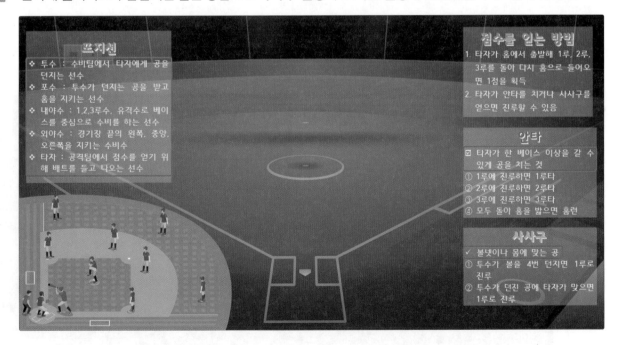

STEP 03 : 그림 글머리표 지정하기

1 ▸ 야구 규칙을 마우스로 드래그하여 블록으로 지정하고 [서식] 탭-[그림 글머리표(☰)]-**[그림 글머리표 모양]** 을 선택해요.

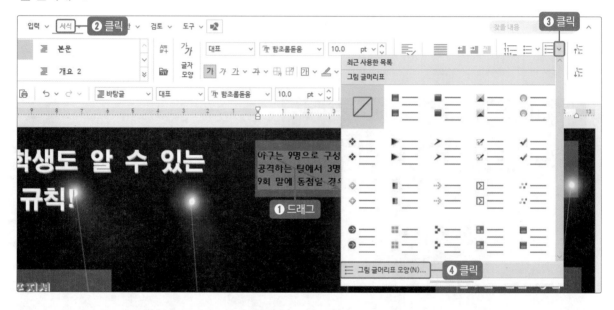

2 ▸ [글머리표 및 문단 번호] 대화상자의 [그림 글머리표] 탭에서 **야구공** 모양을 선택한 후 <설정>을 클릭해요.

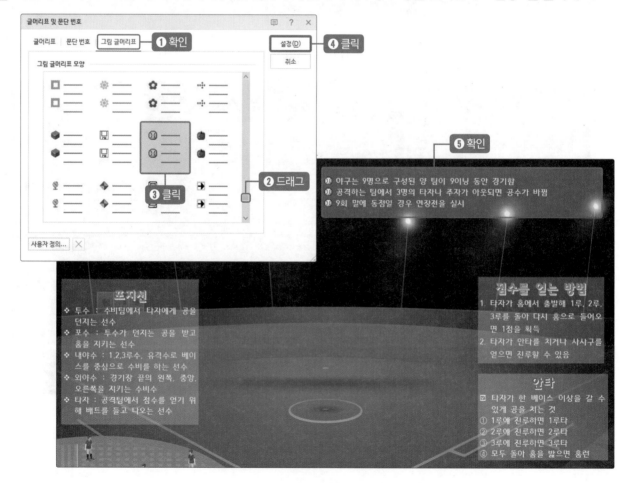

혼자서 뚝딱뚝딱

1 '피자만들기(예제).hwp' 문서를 불러와 글머리표와 문단 번호를 삽입해 보세요.

· 실습파일 : 피자만들기(예제).hwp   · 완성파일 : 피자만들기(완성).hwp

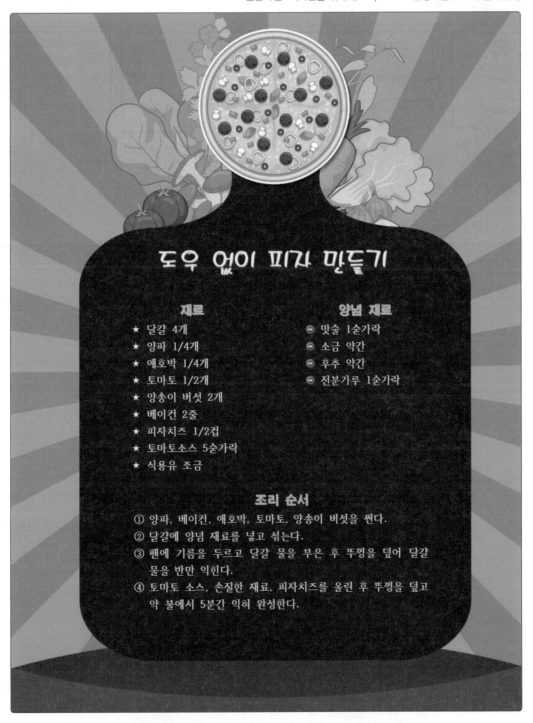

도우 없이 피자 만들기

재료
★ 달걀 4개
★ 양파 1/4개
★ 애호박 1/4개
★ 토마토 1/2개
★ 양송이 버섯 2개
★ 베이컨 2줄
★ 피자치즈 1/2컵
★ 토마토소스 5숟가락
★ 식용유 조금

양념 재료
◉ 맛술 1숟가락
◉ 소금 약간
◉ 후추 약간
◉ 전분가루 1숟가락

조리 순서
① 양파, 베이컨, 애호박, 토마토, 양송이 버섯을 썬다.
② 달걀에 양념 재료를 넣고 섞는다.
③ 팬에 기름을 두르고 달걀 물을 부은 후 뚜껑을 덮어 달걀 물을 반만 익힌다.
④ 토마토 소스, 손질한 재료, 피자치즈를 올린 후 뚜껑을 덮고 약 불에서 5분간 익혀 완성한다.

작성 조건
· 재료 : 글머리표 삽입
· 양념 재료 : 그림 글머리표 삽입
· 조리 순서 : 문단 번호 삽입

05

#가로/세로 글상자 #글상자 속성 #가로 간격을 동일하게

글상자로 잃어버린 반려견 찾기

학습목표

✄ 글상자를 삽입할 수 있어요.

✄ 글상자에 가로 쓰기, 세로 쓰기를 설정할 수 있어요.

✄ 글상자의 면 색과 선 모양을 변경할 수 있어요.

 글상자

문서를 작성할 때 글자만 있으면 심심해 보일 수 있어요. 이때 네모 모양의 글상자를 이용해 제목을 만들거나 문서 중간에 추가해 강조하여 표현할 수 있어요.

미리보기

실습파일 : 반려견을 찾아요(예제).hwp   완성파일 : 반려견을 찾아요(완성).hwp

STEP 01 : 가로 글상자 추가하기

1 ▸ 반려견을 찾아요(예제).hwp를 불러와 **[입력] 탭-[가로 글상자(▤)]**를 선택한 후 강아지 그림 위쪽에 드래그해요.

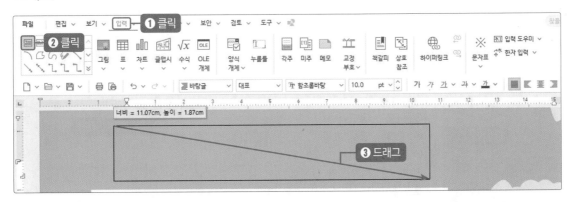

2 ▸ 글상자가 추가되면 그림처럼 제목을 입력하고 `Esc`를 누른 후 **글꼴과 글자 크기, 속성**을 지정해요.

❷ MD아롱체 ❸ 32pt ❹ 진하게 ❺ 하늘색 25% 어둡게

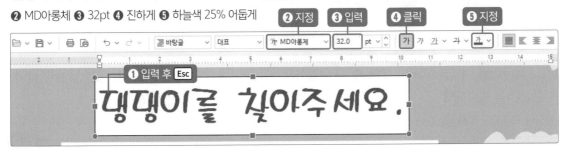

LEVEL UP! : 글상자 크기 및 위치 변경

❶ 글자 크기를 변경했을 때 두 줄로 바뀌면 글상자의 크기를 조절해요.

❷ 글상자의 크기는 조절점(●)을 드래그하고, 위치는 테두리(✥)를 드래그하거나 키보드 방향키로 변경할 수 있어요.

3 ▸ 글상자를 더블클릭하여 [개체 속성] 대화상자가 나타나면 [선] 탭과 [채우기] 탭을 다음과 같이 지정한 후 <설정>을 클릭해요.

❸ 선 없음(▭) ❺ 색 채우기 없음

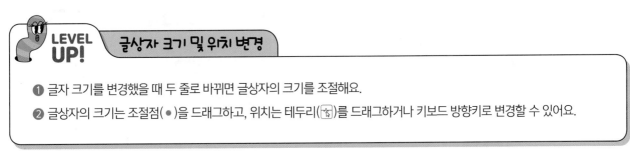

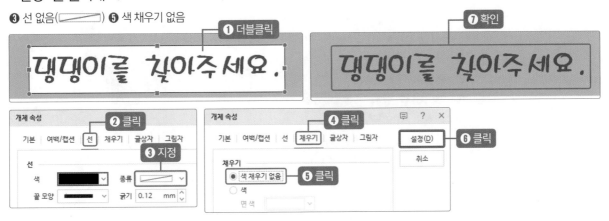

4 ▸ [입력] 탭-[**가로 글상자(▤)**]를 이용해 필요한 내용을 입력하고 **글자 크기(12pt)**를 변경해요. 이어서, **글머리표(▤)**를 추가한 후 왼쪽 여백을 **20pt**로 지정하세요.

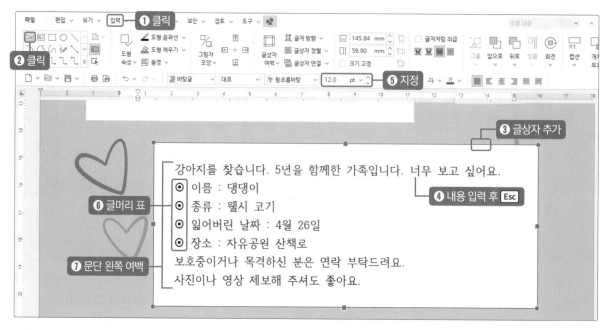

📢 20p의 2번 내용을 참고해 문단에 왼쪽 여백을 지정할 수 있어요. [문단 모양] 바로 가기 키는 Alt+T 입니다.

5 ▸ 글상자의 테두리를 더블클릭하여 [개체 속성] 대화상자가 나타나면 [선] 탭과 [채우기] 탭을 다음과 같이 지정한 후 <설정>을 클릭해요.

❷ 연한 노랑 75% 어둡게 ❸ 파선(- - - -) ❹ 둥근 모양(▢) ❻ 연한 노랑 10% 어둡게 ❼ 60%

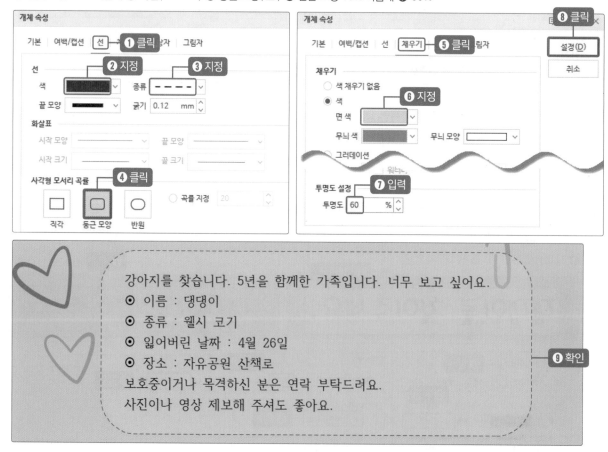

1 ▸ 세로 글상자를 추가하기 위해 [입력] 탭-[세로 글상자(▥)]를 선택하고 문서 아래쪽에 드래그해요.

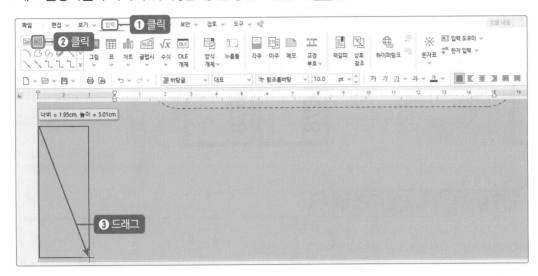

2 ▸ 글상자가 추가되면 연락처를 입력하고 **글자 크기**와 **속성**을 변경해요.

❷ 18pt ❸ 진하게

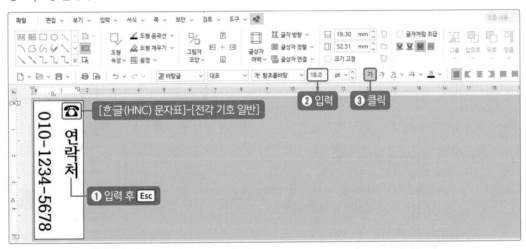

3 ▸ 글상자를 더블클릭하여 [개체 속성] 대화상자가 나타나면 [선] 탭과 [채우기] 탭을 다음과 같이 지정한 후 <설정>을 클릭해요.

❷ 이중 실선(━━━) ❸ 1mm ❺ 50%

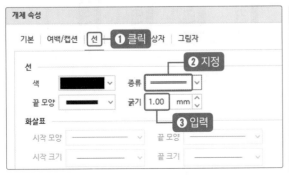

4 ▸ 글상자가 선택된 상태에서 [Ctrl]+[Shift]+**드래그**하여 그림처럼 복사해요.

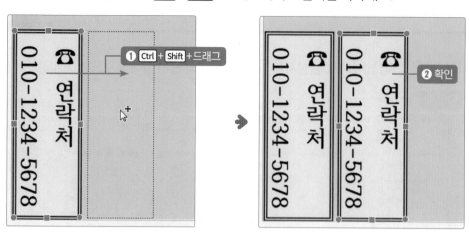

LEVEL UP! 글상자 선택 및 수평 / 수직 복사

❶ 글상자 선택이 해제되었을 경우 테두리를 클릭하여 선택할 수 있어요.

❷ [Ctrl]+[Shift]를 누른 채 드래그하면 개체를 수평 또는 수직으로 복사할 수 있어요.

5 ▸ 같은 방법으로 8개 더 복사한 후 [Shift]를 누른 채 글상자를 클릭하여 모두 선택해요. [도형] 탭-[맞춤(📐)]-
[가로 간격을 동일하게]를 선택해 간격을 맞춰요.

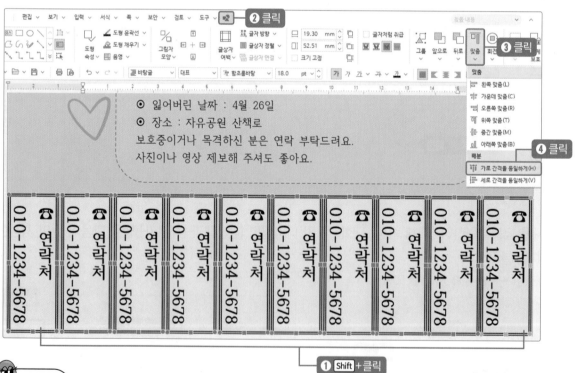

LEVEL UP! 가로 간격을 동일하게

첫 번째와 마지막 글상자를 기준으로 가로 간격을 동일하게 맞춰요.

혼자서 뚝딱뚝딱

_ □ ✕

1 '탕후루 심리 테스트(예제).hwp' 문서를 불러와 작성 조건에 맞게 글상자를 삽입해 보세요.

• 실습파일 : 탕후루 심리 테스트(예제).hwp   • 완성파일 : 탕후루 심리 테스트(완성).hwp

작성
조건

• 제목 가로 글상자
 – 선 색, 선 종류, 선 굵기, 사각형 모서리 곡률 지정
 – 글꼴, 글자 크기, 속성, 글자 색, 그림자([글자 모양]), 정렬 지정
• 설명 가로 글상자
 – 선 종류, 사각형 모서리 곡률, 채우기 색, 투명도 지정
 – 글꼴, 글자 크기, 자간([글자 모양]), 왼쪽 및 오른쪽 여백([문단 모양]) 지정

06

#글맵시 #글맵시 모양 #글맵시 속성

글맵시로 완성하는 영화 포스터

학습목표

✿ 글맵시를 삽입하여 제목으로 만들 수 있어요.
✿ 글맵시의 모양을 다양하게 변경할 수 있어요.

✿ 글맵시

글자를 예쁘게 꾸미는 일은 생각보다 어려워요. 하지만 글자의 채우기 색, 선 색, 모양 등을 적용할 수 있는 글맵시를 사용하면 쉽고 빠르게 예쁜 글자를 만들 수 있어요.

미리보기

실습파일 : 영화포스터(예제).hwp   완성파일 : 영화포스터(완성).hwp

STEP 01 : 글상자를 삽입하여 내용 입력하기

1 ▸ **영화포스터(예제).hwp**를 불러와 [입력] 탭-[가로 글상자(▤)]를 선택해요. 문서 아래쪽에 드래그하여 글상자를 추가한 후 내용을 입력해요.

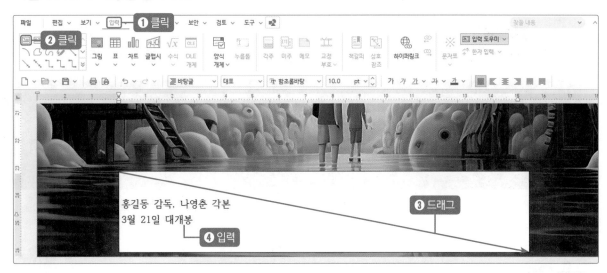

2 ▸ 각 줄마다 블록을 지정하고 [서식] 도구 상자에서 **글꼴과 글자 크기, 글자 색**을 변경한 후 **가운데 정렬** 하세요.

　　– 첫 번째 줄 : HY견고딕, 12pt, 검정
　　– 두 번째 줄 : HY견고딕, 24pt, 노랑

LEVEL UP!　블록 지정 후 서식 지정

문장 또는 특정 단어에 다른 글꼴 서식을 지정하기 위해서는 해당 부분을 블록으로 지정한 후 서식을 지정해야 해요.

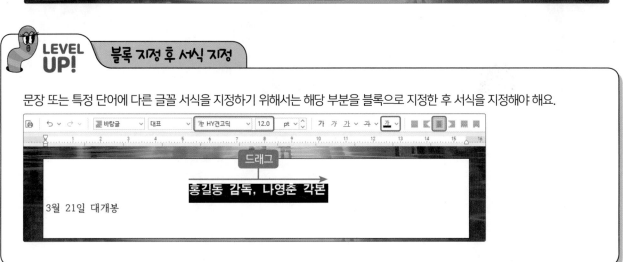

3 ▸ 글상자의 테두리를 더블클릭하여 [개체 속성] 대화상자가 나타나면 [선] 탭과 [채우기] 탭을 다음과 같이 지정한 후 <설정>을 클릭해요.

❷ 선 없음 ❹ 색 채우기 없음

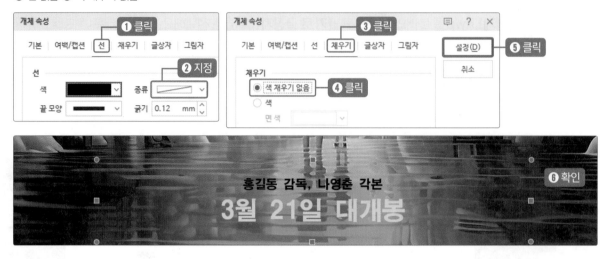

STEP 02 : 글맵시 삽입하기

1 ▸ 문서의 위쪽을 클릭해 커서를 위치시키고 [입력]–[글맵시()]를 클릭해요.

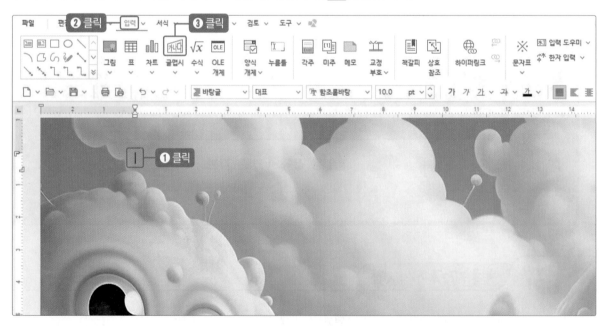

36

2 ▸ [글맵시 만들기] 대화상자에서 내용(**버블 인형과의 여행**)을 입력하고 **글맵시 모양**과 **글꼴**을 지정한 후 <설정>을 클릭해요.

❷ 갈매기형 수장(🏴) ❸ HY견고딕

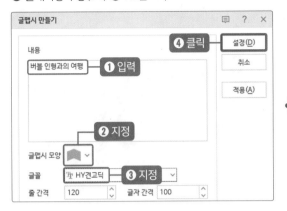 

3 ▸ 삽입된 글맵시를 더블클릭해요. [개체 속성] 대화상자에서 [기본] 탭과 [선] 탭을 다음과 같이 지정해요.

❷ 글 앞으로(🏴) ❸ 가로(종이), 세로(종이) ❺ 선 없음

4 ▸ [채우기] 탭과 [글맵시] 탭을 다음과 같이 지정한 후 <설정>을 클릭합니다.

❷ 주황 25% 어둡게 ❹ 비연속 ❺ 1%

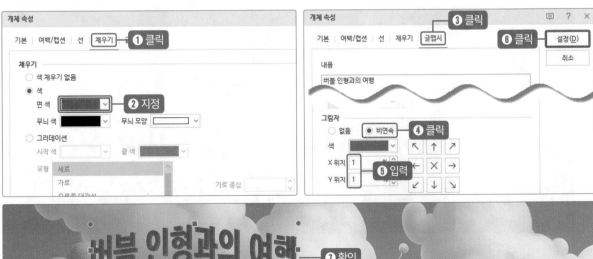

5 ▸ 조절점(●)을 드래그하여 글맵시의 크기를 조절한 후 위치를 변경하세요.

6 ▸ 같은 방법으로 부제목 글맵시를 추가해요.

　− 글맵시 추가 → 글맵시 모양 : 사각형(　), 글꼴 : HY견고딕,

　− 개체 속성 → 본문과의 배치 : 글 앞으로(▥), 선 종류 : 선 없음, 채우기 색 : 초록, 문단 정렬 : 가운데 정렬,
　　　　그림자 : 비연속, 흰색, 1%

1 '세계 음식(예제).hwp' 문서를 불러와 작성 조건에 맞게 글맵시와 글상자를 추가해 보세요.

· 실습파일 : 세계음식(예제).hwp · 완성파일 : 세계음식(완성).hwp

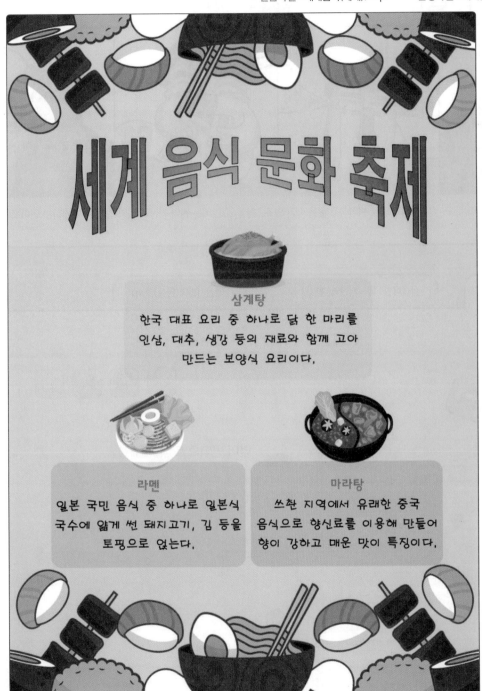

작성 조건
· 글맵시 : 글맵시 모양, 글꼴, 본문과의 배치, 선 종류(실선, 0.1mm), 채우기(그러데이션, 일출) 지정
· 가로 글상자 : 선 종류, 사각형 모서리 곡률, 채우기 색, 투명도, 글꼴 서식, 정렬 지정

07

#번역 #다양한 나라 언어 번역

언어 번역으로 메시지 주고 받기

학습목표

☆ 한글로 입력된 문장을 영문으로 번역할 수 있어요.

☆ 중국어, 일본어, 베트남어로 번역할 수 있어요.

☆ 글자를 원하는 곳에 복사하여 붙여 넣을 수 있어요.

☆ 번역 한국어를 영어로 또는 다른 나라 말로 번역하고 싶을 때가 있죠? 한글 2022에는 번역 기능이 있어 쉽게 내가 원하는 언어로 번역할 수 있어요.

 미리보기

실습파일 : 메신저번역(예제).hwp   완성파일 : 메신저번역(완성).hwp

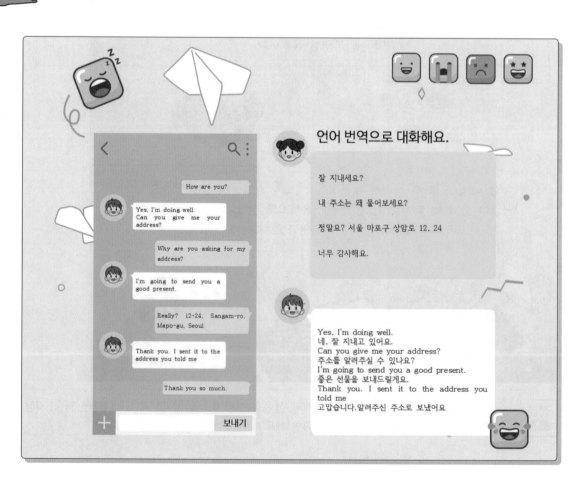

1 ▸ **메신저번역(예제).hwp**를 불러와 흰색 대화창에 영문 대화 내용을 입력해요.

대문자를 입력할 때는 Shift 를 누른 채 영문 자판을 눌러야 해요. 영문 입력이 어려운 경우에는 [07차시] 폴더에서 '메신저번역(예제_영문 포함.hwp)' 파일을 불러와 작업하세요.

2 ▸ 오른쪽 노란색 글상자에 영어로 번역할 한글 대화 내용을 입력해요.

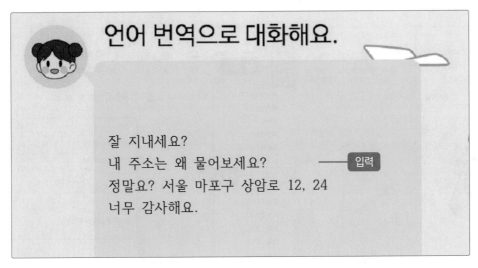

3 ▸ 영어를 한글로 번역하기 위해 입력한 영문 대화 내용을 블록으로 지정하여 **복사**(Ctrl+C)한 후 흰색 글상자에 **붙여넣기**(Ctrl+V)를 해요. 이어서, [서식] 도구 상자에서 글자 크기를 **10pt**로 변경해요.

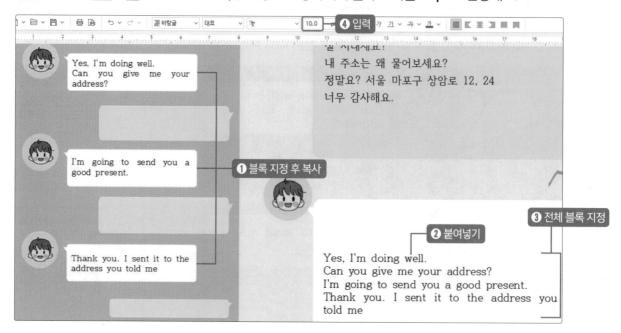

LEVEL UP! 빠른 블록 지정 방법

❶ 글상자 안쪽을 빠르게 3번 클릭하면 문장 전체를 블록으로 지정할 수 있어요.

❷ 글상자 안쪽을 클릭한 후 Ctrl+A를 누르면 모든 내용을 한 번에 블록으로 지정할 수 있어요.

STEP 02 : 언어 번역하기

1 ▸ [보기] 탭-[작업 창]-**[번역]**을 선택하면 오른쪽에 [번역] 창이 나타나요.

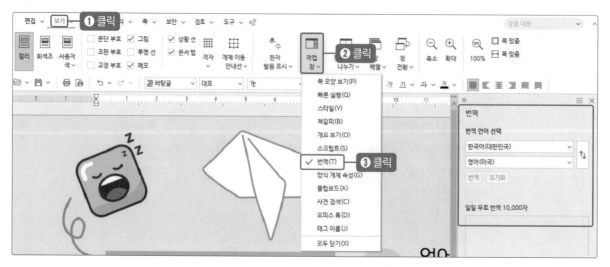

2 ▸ 번역할 언어를 **한국어(대한민국)**과 **영어(미국)**으로 선택하고, 번역할 내용을 블록으로 지정한 후 [번역]을 클릭해요.

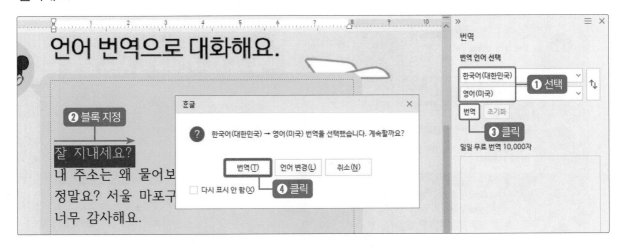

3 ▸ 번역한 내용이 표시되면 오른쪽 버튼(·)을 클릭하여 [**문단 아래에 삽입**]을 선택해요.

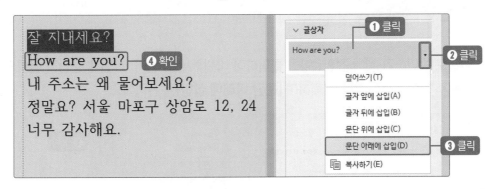

4 ▸ 번역된 내용을 블록으로 지정하고 **잘라내기**([Ctrl]+[X])를 해요. 노란색 대화창의 첫 번째 글상자를 선택하여 **붙여넣기**([Ctrl]+[V])를 한 후 글자 크기를 **8pt**로 변경해요.

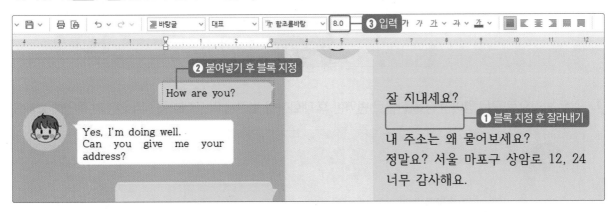

5 ▶ 같은 방법으로 한글 문장을 모두 영문으로 번역하여 노란색 대화창에 붙여넣은 후 글자 크기를 **8pt**로 변경해요.

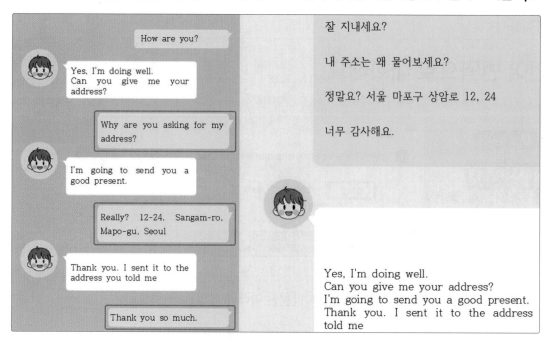

6 ▶ 아래쪽 영어 문장을 한글로 번역하기 위해 **전환(↕)**을 클릭하여 바꿔주세요. 영어 첫 번째 문장을 블록으로
지정하고 <번역>을 누른 후 오른쪽 버튼(•)을 클릭하여 **[문단 아래에 삽입]**을 선택해요.

7 ▶ 같은 방법으로 모든 영어 문장을 한글로 번역한 후 대화창을 보면서 어떤 대화를 나누었는지 확인해 보세요.

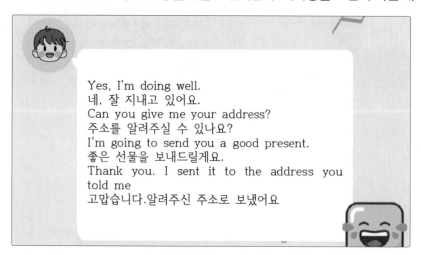

44

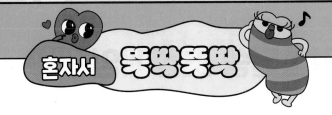
혼자서 뚝딱뚝딱

1 '명함(예제).hwp' 문서를 불러와 작성 조건에 맞게 한글을 다른 언어로 번역해 보세요.

· 실습파일 : 명함(예제).hwp   · 완성파일 : 명함(완성).hwp

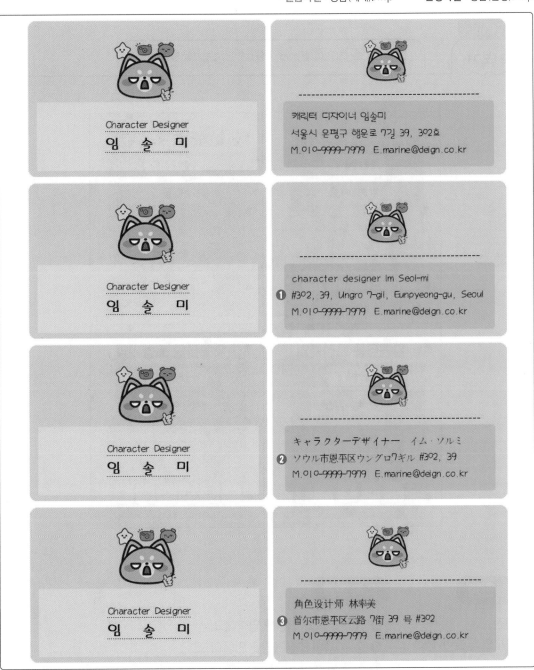

Character Designer
임 솔 미

캐릭터 디자이너 임솔미
서울시 은평구 행운로 7길 39, 302호
M.010-9999-7979 E.marine@deign.co.kr

Character Designer
임 솔 미

character designer Im Seol-mi
❶ #302, 39, Ungro 7-gil, Eunpyeong-gu, Seoul
M.010-9999-7979 E.marine@deign.co.kr

Character Designer
임 솔 미

キャラクターデザイナー イム・ソルミ
❷ ソウル市恩平区ウングロ7ギル #302, 39
M.010-9999-7979 E.marine@deign.co.kr

Character Designer
임 솔 미

角色设计师 林率美
❸ 首尔市恩平区云路 7街 39 号 #302
M.010-9999-7979 E.marine@deign.co.kr

작성
조건
· 두 번째 줄 두 번째 글상자(❶) : 한글 → 영문으로 번역 → 덮어쓰기
· 세 번째 줄 두 번째 글상자(❷) : 한글 → 일어로 번역 → 덮어쓰기
· 네 번째 줄 두 번째 글상자(❸) : 한글 → 중국어로 번역(이름은 한자를 사용해 변경) → 덮어쓰기

08

액티비티

#액티비티

알쏭달쏭 초성게임

☙ 글자의 첫 자음을 '초성'이라고 해요. 어떤 단어나 문장의 초성만 알려주면 전체 단어나 문장을 알아맞히는 놀이인 초성게임을 해보려고 해요! 누가 더 많이 맞히는지 친구들과 내기를 해 보고 이긴 사람의 소원을 들어주면 더 재미있게 게임을 즐길 수 있을 거예요.

미리보기   실습파일 : 초성게임(예제).hwp   완성파일 : 초성게임(완성).hwp

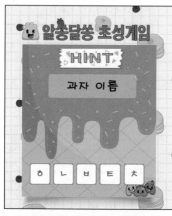

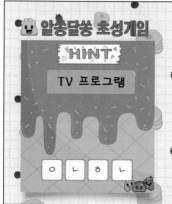

놀이 인원

개인전,
3명이 한 모둠이에요.

놀이 시간

20분

놀이 방법

① 각각 힌트와 초성을 입력해요.

② 총 10쪽의 초성게임을 만들어요.

③ 한 명씩 돌아가면서 문제를 내고, 나머지 친구들은 정답을 맞혀요.

④ "정답"을 먼저 외치는 친구가 답을 말할 수 있어요.

⑤ 각각 10문제씩 30문제를 모두 끝냈을 때 가장 많이 맞힌 친구가 이기는 게임이에요.

📢 초성게임의 정답은 하나가 아닐 수 있어요. 초성만 맞다면 모두 정답이에요!
　　(예) ㄱㅈㅎ → 김재환, 김준호, 고준희

46

1 ▸ **초성게임(예제).hwp** 문서를 불러와 [입력] 탭-**[가로 글상자(⬚)]**를 선택해요. 마우스를 드래그하여 힌트를 입력할 글상자를 삽입한 후 Esc 를 눌러요.

2 ▸ 삽입된 글상자를 더블클릭하여 [개체 속성] 대화상자가 나타나면 [선] 탭과 [채우기] 탭을 아래와 같이 지정한 후 <설정>을 클릭해요.
  ❷ 선 없음 ❸ 10% ❺ 60%

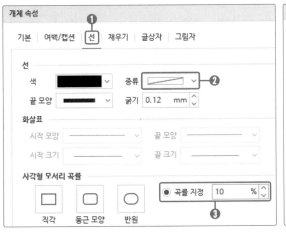
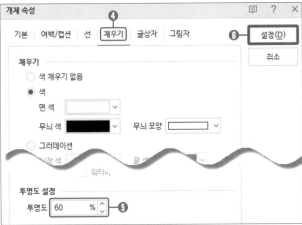

3 ▸ 글상자가 선택된 상태로 [서식] 도구 상자에서 **글꼴, 글자 크기, 속성, 정렬**을 지정한 후 힌트를 입력해요.
  ❶ HY엽서M ❷ 28pt ❸ 진하게 ❹ 가운데 정렬

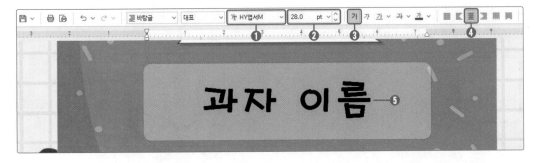

1 ▶ 초성이 입력될 글상자를 만들기 위해 [입력] 탭-**[가로 글상자(▣)]**를 선택하여 문서 아래쪽에 드래그한 후 Esc를 눌러요.

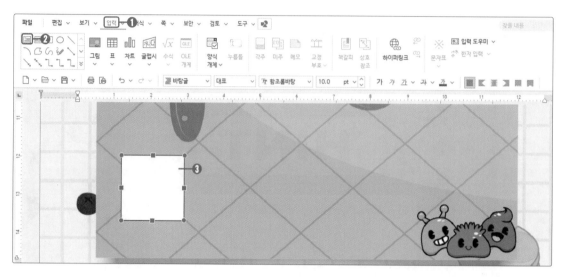

2 ▶ 글상자를 더블클릭하여 [개체 속성] 대화상자가 나타나면 [기본] 탭과 [선] 탭을 다음과 같이 지정한 후 <설정>을 클릭해요.

❷ 17mm ❹ 노랑 25% 어둡게 ❺ 0.8mm ❻ 10%

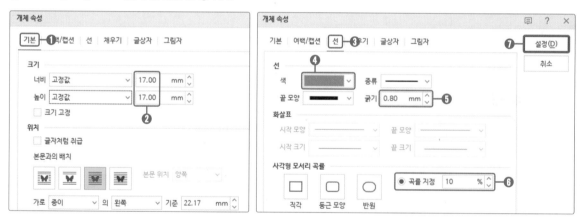

3 ▶ 글상자가 선택된 상태로 [서식] 도구 상자에서 **글꼴, 글자 크기, 글자 색, 정렬**을 지정해요.

❶ HY엽서M ❷ 20pt ❸ 진하게 ❹ 가운데 정렬

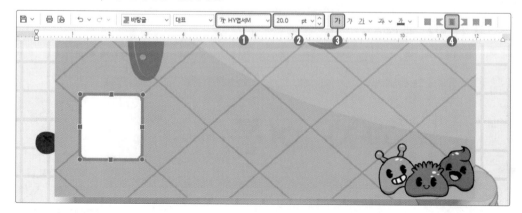

4 ▸ 글상자가 선택된 상태에서 Ctrl + Shift 를 누른 채 드래그하여 글상자를 정답 글자 수만큼 복사해요.

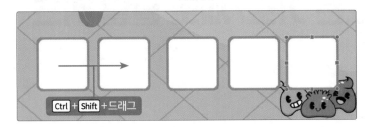

5 ▸ Shift 를 누른 채 모든 글상자를 선택한 후 [도형] 탭-[맞춤]-**[가로 간격을 동일하게]**를 선택해요.

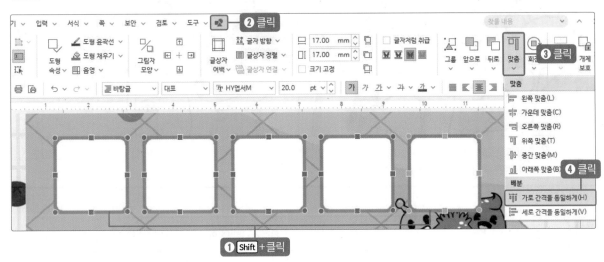

6 ▸ 글상자에 정답 초성을 입력해요.

7 ▸ Shift 를 누른 채 **힌트와 초성 글상자**를 모두 선택한 후 Ctrl + C 를 눌러 복사해요. 이어서, Page Down 을 눌러 2쪽으로 이동한 후 Ctrl + V 를 눌러 붙여넣어줍니다.

8 ▸ 같은 방법으로 복사한 글상자를 10쪽까지 붙여넣은 후 2쪽부터 힌트와 초성 내용을 수정하세요.

📢 초성 글상자는 정답 글자 수에 맞게 추가하거나 삭제해요.

학습목표

#표 #셀 색 채우기 #선 모양

표로 만드는 가로/세로 낱말 퀴즈

⚹ 표를 삽입하고 표의 크기를 조절할 수 있어요.

⚹ 셀 배경색을 지정할 수 있어요.

⚹ 표의 선 모양을 변경할 수 있어요.

	3
	1
	2

⚹ 표   자료들이 정리되지 않고 뒤죽박죽 섞여 있으면 정신이 없겠죠? 자료를 표로 만들면 깔끔하게 정리할 수 있는데 한글은 표를 삽입하여 내용을 정리한 후 다양한 속성을 지정할 수 있어요.

미리보기

실습파일 : 낱말맞히기(예제).hwp   완성파일 : 낱말맞히기(완성).hwp

낱말 맞히기

번호에 맞는 가로, 세로 낱말 퀴즈를 풀어 보세요.

가로 열쇠
1. 우리나라를 4글자로 부르는 말
3. 복을 가져다주는 코라는 뜻으로, 끝이 둥글고 통통한 코
5. 불 위에 국자를 올리고 설탕과 소다를 넣어 만든 과자
6. 아이스 바닐라 라떼의 줄임말(신조어)
8. 식목일(4월 15일)
9. 땅위를 4개의 바퀴로 빠르게 이동할 수 있는 차
13. 손으로 들고다닐 수 있는 컴퓨터

세로 열쇠
2. 끝인 국에 밥을 말 만 음식
4. 중국 우한에서 발생한 뒤 전 세계로 확산된 ○○○ 바이러스
5. 1년의 날짜를 순서대로 표시해 놓은 책
7. 원숭이가 좋아하는 초승달 모양의 노란색의 과일
10. 사자, 곰, 호랑이, 늑대, 토끼
11. 철길 위로 사람이나 화물을 실어 나르는 차
12. 분개하여 몹시 성을 냄

STEP 01 : 표 만들기

1 ▸ **낱말맞히기(예제).hwp**를 불러와 표를 삽입할 위치에 커서를 위치시키고 [입력] 탭-**[표( )]**를 선택해요.

2 ▸ [표 만들기] 대화상자에서 **줄 수(7)**와 **칸 수(7)**를 입력하고 '글자처럼 취급'만 체크한 후 <만들기>를 클릭해요.

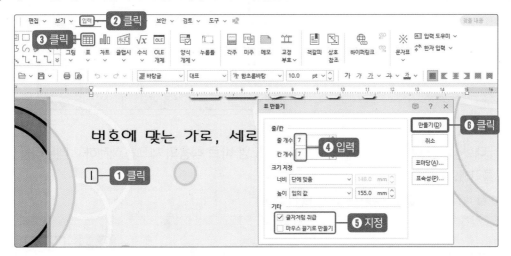

LEVEL UP! 글자처럼 취급

'글자처럼 취급'을 지정하면 표가 일반 글처럼 고정된 상태로 삽입됩니다.

3 ▸ 표가 만들어지면 표 안에 커서를 위치시키고 F5를 **3번** 눌러 셀 전체를 선택해요. Ctrl+↓를 **9번**, Ctrl+←를 **7번** 눌러 셀이 정사각형 모양이 되도록 크기를 변경해요.

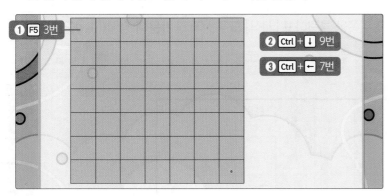

LEVEL UP! 표 크기 변경

- Ctrl+**방향키** : 선택된 셀의 크기가 변경되면서 표 전체 크기도 함께 변경돼요.
- Shift+**방향키** : 선택된 셀의 크기만 변경되고 표 전체 크기는 변경되지 않아요.
- Alt+**방향키** : 선택된 셀의 줄 또는 칸의 크기가 변경되고 표 전체 크기는 변경되지 않아요.

1 ▸ 표의 셀이 모두 선택된 상태에서 ⌞을 눌러요.

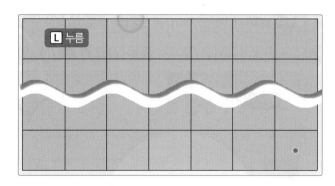

2 ▸ [셀 테두리/배경] 대화상자가 나타나면 [테두리] 탭에서 **선 모양 바로 적용**의 체크를 해제하고 테두리를 지정한 후 <설정>을 클릭해요.

❸ 실선 ❹ 0.5mm ❺ 바깥쪽(▢) ❻ 점선 ❼ 0.12mm ❽ 안쪽(⊞)

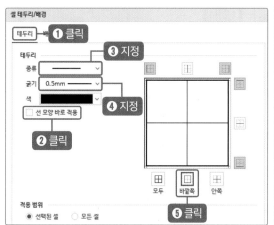 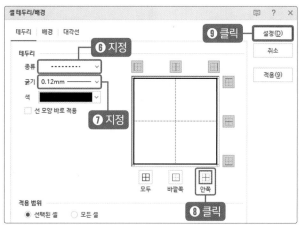

3 ▸ 표를 문서 중앙으로 정렬시키기 위해 표 뒤쪽을 클릭하고 [서식] 도구 상자의 **가운데 정렬**(▤)을 선택해요.

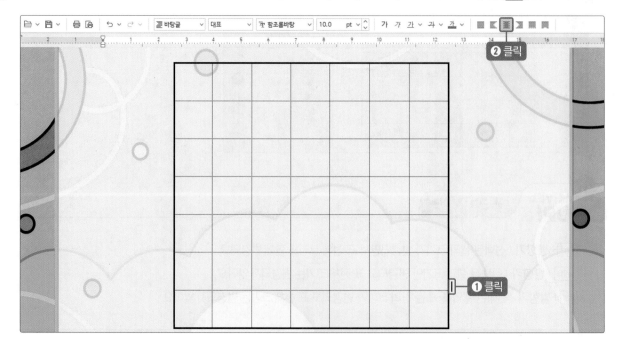

4 ▸ 표에 답을 입력할 셀을 구분하기 위해 아래 그림처럼 마우스를 드래그해요. 떨어져 있는 셀은 Ctrl+**드래그** 또는 Ctrl+**클릭**하여 셀을 블록으로 지정해요.

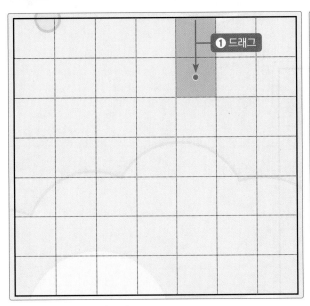
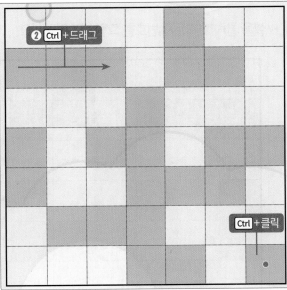

LEVEL UP! 셀 블록 지정 해제

여러 셀을 블록으로 지정할 때 포함되지 않아야 하는 셀이 선택되었다면 Ctrl을 누른 채 해당 셀을 클릭하면 선택이 해제돼요.

5 ▸ C를 눌러 [셀 테두리/배경] 대화상자가 나타나면 [배경] 탭에서 **면 색**을 지정하고 <설정>을 클릭해요.

❹ 노랑 40% 밝게

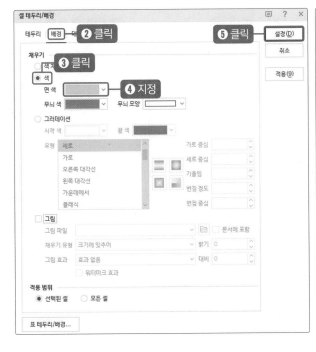
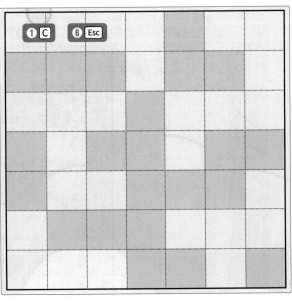

STEP 03 : 표 안에 글자 입력하기

1 ▸ 셀을 클릭하여 문제 번호를 그림처럼 입력해요.

1		2			3	4
6	7		5			
	8					11
12			9	10		
13						

2 ▸ 입력한 글자를 셀의 왼쪽 위로 정렬하기 위해 셀 안에 커서를 위치시키고 F5를 **3번** 눌러요. [표 레이아웃(▦)] 탭-[내용 정렬(▤)]-[셀 정렬]-**[왼쪽 위]**를 선택해요.

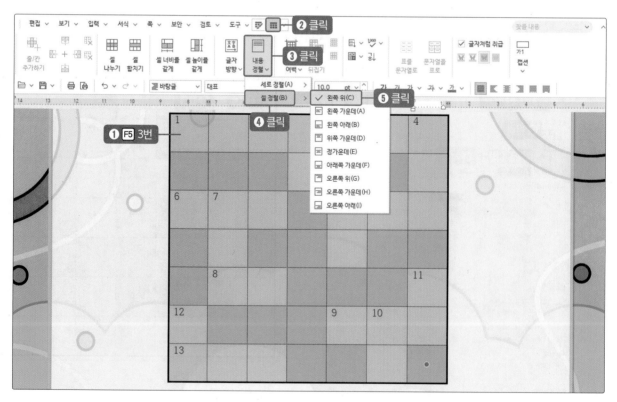

3 ▸ 표 작업이 완성되면 직접 문제를 풀어본 후 **낱말맞히기(정답).hwp** 파일을 열어서 확인해 보세요.

54

혼자서 뚝딱뚝딱

1 '영어낱말퀴즈(예제).hwp' 문서를 불러와 작성 조건에 맞게 표를 작성해 보세요.

· 실습파일 : 영어낱말퀴즈(예제).hwp　　· 완성파일 : 영어낱말퀴즈(완성).hwp

작성조건
· 표 만들기 : 7줄 9칸, 글자처럼 취급, 셀 테두리(표 전체-테두리 없음)
· 글자가 입력된 셀 : 테두리(실선, 굵기, 색), 면 색

2 표 작업이 완성되면 동물 이름을 직접 영어로 입력해 보세요.

📣 힌트 : LION, MONKEY, PENGUIN, GIRAFFE, FOX, BEAR

10

표 편집으로 다이어리 꾸미기

학습목표

❈ 표를 삽입하고 표의 높이를 조절할 수 있어요.

❈ 색 골라내기 기능을 활용하여 셀 배경색을 지정할 수 있어요.

❈ 표 안에 텍스트를 입력하고 편집할 수 있어요.

❈ **표 편집** 표는 다양한 기능들을 활용하여 예쁘게 꾸밀 수 있어요. 색 골라내기 기능을 이용하여 셀 배경색을 바꾸고, 셀 안의 내용을 정렬하고 테두리를 변경하는 등 다양한 기능들을 활용할 수 있어요.

미리보기   실습파일 : 다이어리(예제).hwp   완성파일 : 다이어리(완성).hwp

STEP 01 : 표를 삽입하고 크기 변경하기

1 ▸ **다이어리(예제).hwp** 문서를 불러와 [입력] 탭-**[표(田)]**를 클릭해요.

2 ▸ [표 만들기] 대화상자가 나타나면 **줄 수(6)**와 **칸수(7)**를 입력하고 '글자처럼 취급'을 해제, **마우스 끌기로 만들기**를 체크한 후 <만들기>를 클릭해요.

3 ▸ 마우스 포인터가 ⯌⏁ 모양으로 변경되면 드래그하여 표를 만들어요.

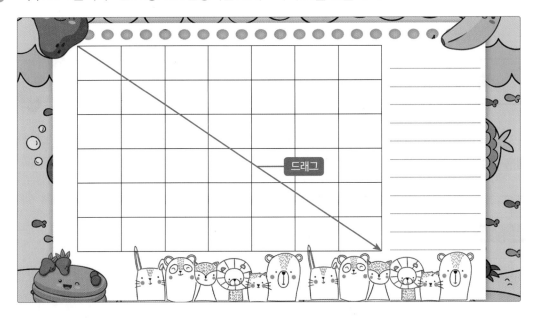

4 ▸ 표가 만들어지면 첫 번째 줄을 마우스로 드래그하여 블록으로 지정하고 [Shift]+[↑]를 여러 번 눌러 높이를 변경해요.

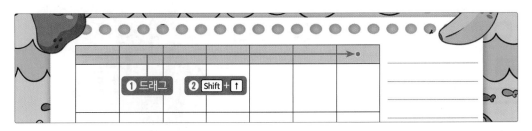

5 ▸ 두 번째 줄부터 마지막 줄까지 마우스로 드래그하여 블록으로 지정하고 [표 레이아웃()] 탭-[**셀 높이를 같게(⊞)**]를 선택해요.

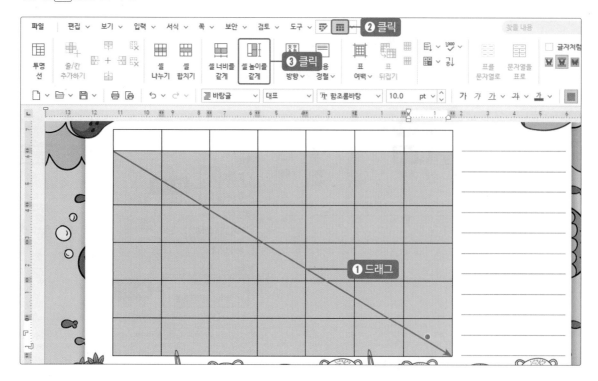

STEP 02 : **색 골라내기로 셀 배경색 지정하기**

1 ▸ 셀 배경색을 지정하기 위해 첫 번째 셀에 커서를 위치시키고 F5 를 눌러요. Ctrl 을 누른 채 세 번째, 다섯 번째, 일곱 번째 셀을 클릭하여 블록으로 지정하고 C 를 눌러요.

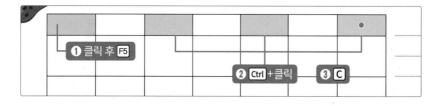

2 ▸ [셀 테두리/배경] 대화상자에서 [배경] 탭의 '면 색'을 선택하고 [**색 골라내기(✎)**]를 클릭해요.

3 ▸ 마우스 포인터가 스포이드 모양(✎)으로 바뀌면 왼쪽 상단의 **딸기 그림을 클릭**한 후 <설정>을 클릭해요.

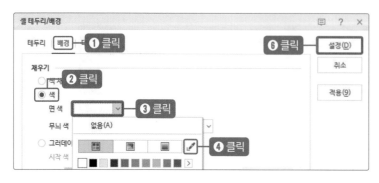

58

4 같은 방법으로 두 번째, 네 번째, 여섯 번째 셀을 블록으로 지정한 후 셀 배경색을 바나나 그림과 같은 색으로 변경해요.

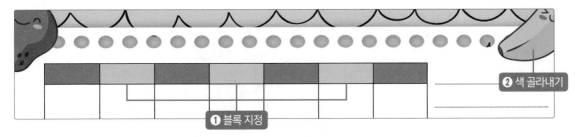

5 표 전체를 드래그하여 블록으로 지정하고 ⌊L⌋을 눌러요. [셀 테두리/배경] 대화상자에서 **선 모양 바로 적용**의 체크를 해제한 후 테두리 종류를 지정하고 <설정>을 클릭해요.

❸ 점선 ❹ 모두 ❺ 선 없음 ❻ 왼쪽 테두리 ❼ 오른쪽 테두리

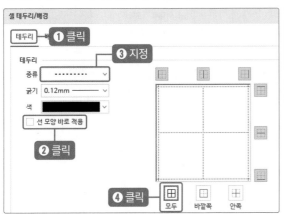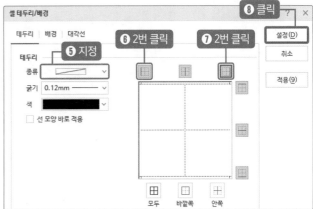

STEP 03 : 글자 입력하고 꾸미기

1 첫 번째 줄에 요일을 입력하고 [서식] 도구 상자에서 **가운데 정렬(≡)**을 클릭해요.

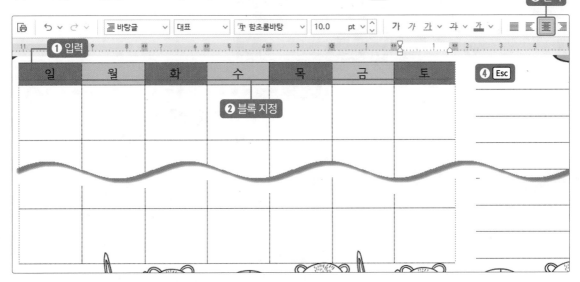

2 ▸ 나머지 줄에 날짜를 입력한 후 일요일과 공휴일은 **빨간색**, 토요일은 **파란색**으로 글자 색을 변경해요.

3 ▸ 두 번째 줄부터 마지막 줄까지 드래그하여 블록으로 지정해요. [표 레이아웃(▦)] 탭-[내용 정렬]-[셀 정렬]-
[왼쪽 위]를 선택한 후 글자 크기를 **8pt**로 변경해요.

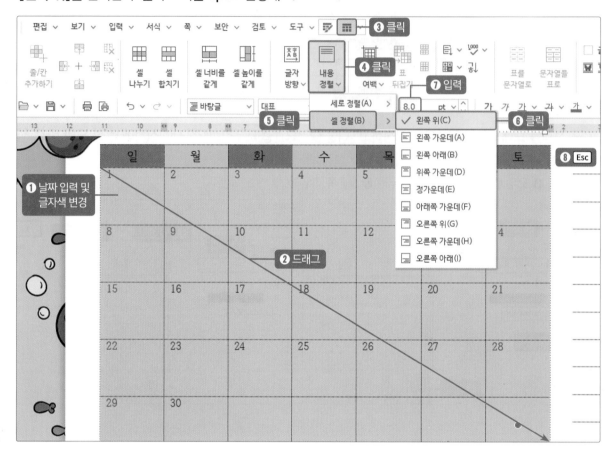

4 ▸ Page Down 을 눌러 2쪽의 꾸미기 스티커 중에서 원하는 것을 선택한 후 Ctrl + C 를 눌러 복사해요. 1쪽의 빈
영역(딸기 근처)을 클릭하여 Ctrl + V 를 눌러 붙여넣은 후 원하는 위치에 배치해 보세요.

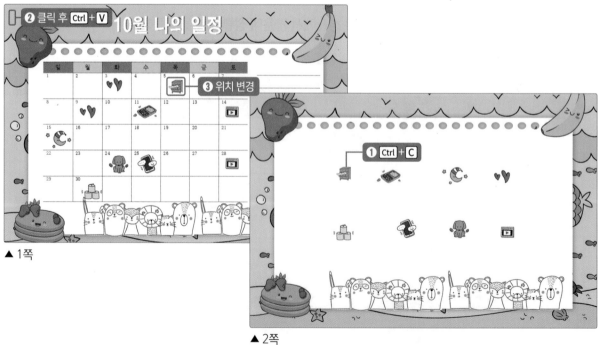

▲ 1쪽

▲ 2쪽

1 '보드게임(예제).hwp' 문서를 불러와 작성 조건에 맞게 보드 게임 판을 완성해 보세요.

• 실습파일 : 보드게임(예제).hwp   • 완성파일 : 보드게임(완성).hwp

작성
조건
• 표 만들기 : 8줄 9칸, 마우스 끌기로 만들기, 셀 테두리(표 전체-테두리 없음)
• 숫자가 입력된 셀 : 테두리(실선), 면 색(색 골라내기)
• 숫자 입력 후 셀 정렬

#차트 #배경색 변경하기 #계열 색 변경하기

차트로 넌센스 퀴즈왕 뽑기

✤ 표의 데이터를 이용하여 차트를 만들 수 있어요.

✤ 차트의 속성을 변경할 수 있어요.

✤ 차트의 배경색 및 계열색을 변경할 수 있어요.

✤ 차트   차트는 표의 내용을 그림으로 나타낸 것으로, 그래프라고도 해요. 표의 자료를 차트로 나타내면 정보를 한눈에 알아볼 수 있어 편리해요.

 미리보기

실습파일 : 넌센스 퀴즈(예제).hwp   완성파일 : 넌센스 퀴즈(완성).hwp

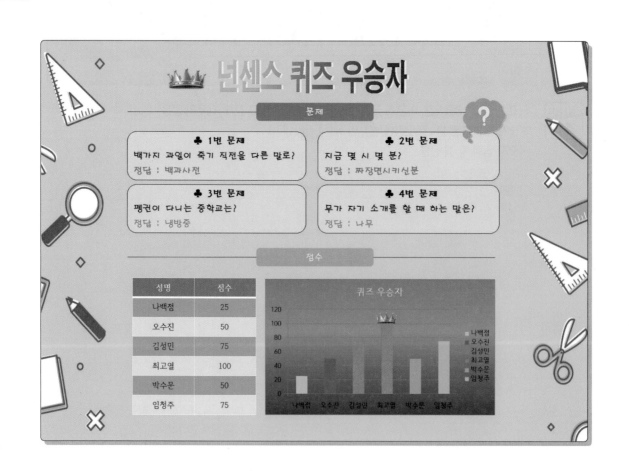

STEP 01 : 차트 만들기

1 ▶ **넌센스 퀴즈(예제).hwp** 문서를 불러와 표 전체를 블록으로 지정한 후 [표 디자인(▣)] 탭-[차트 만들기 (▥)]를 선택해요.

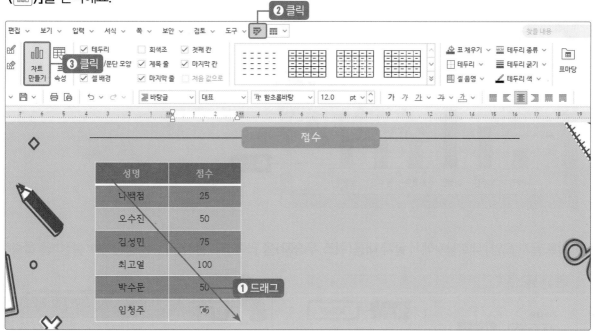

2 ▶ 차트가 만들어지면 [차트 데이터 편집] 창을 닫은 후 차트를 마우스로 드래그하여 그림처럼 배치하고 조절점 (●)으로 이용해 크기를 변경해요.

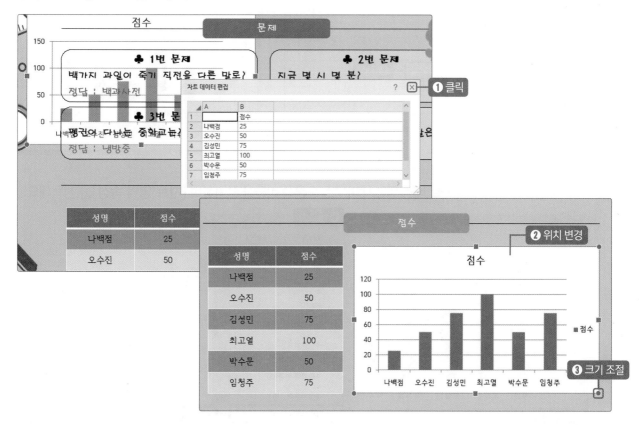

1 ▸ 차트를 선택한 후 **차트 제목**을 클릭하세요. 차트 제목 위에서 마우스 오른쪽 버튼을 클릭하여 **[제목 편집]**을 선택해요.

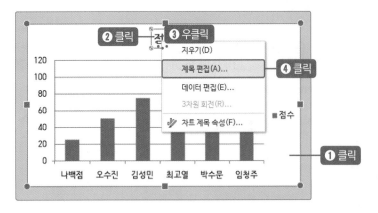

2 ▸ [차트 글자 모양] 대화상자에서 **글자 내용(퀴즈 우승자)**을 입력하고 **글자 색**을 지정한 후 <설정>을 클릭해요.

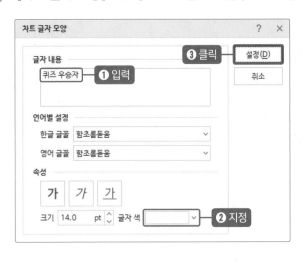

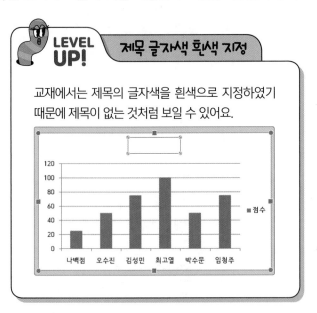

LEVEL UP! 제목 글자색 흰색 지정

교재에서는 제목의 글자색을 흰색으로 지정하였기 때문에 제목이 없는 것처럼 보일 수 있어요.

3 ▸ 차트 배경을 꾸미기 위해 차트 배경 위에서 마우스 오른쪽 버튼을 클릭하여 **[차트 영역 속성]**을 선택해요.

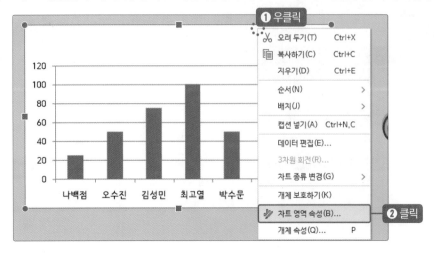

4 ▸ [개체 속성] 작업 창이 나타나면 [그리기 속성(📝)]-[채우기]-[그러데이션]-[미리 설정]-'**시냇가**'를 선택해요.

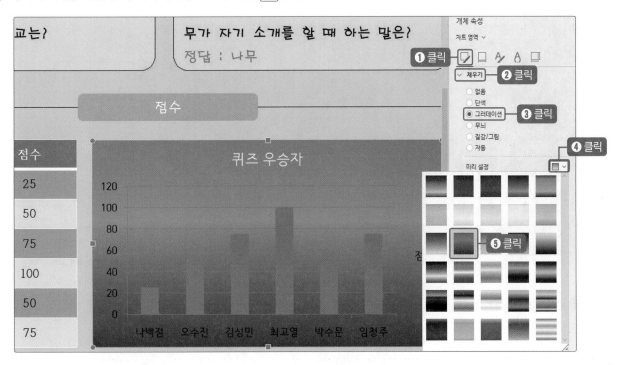

5 ▸ 계열색을 변경하기 위해 계열 막대를 클릭하여 전체를 선택한 후 **나백점** 계열 막대를 한 번 더 클릭하여 해당 계열만 선택해요.

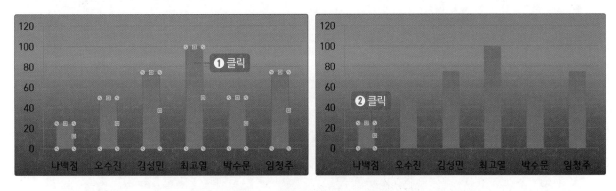

6 ▸ [개체 속성] 작업 창의 [그리기 속성(📝)]-[채우기]-[단색]-[색]에서 **노랑**을 선택해요.

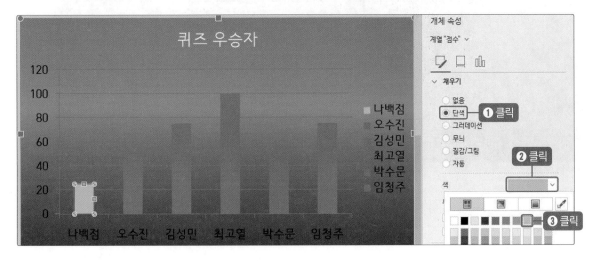

7 ▸ 같은 방법으로 나머지 계열도 원하는 색으로 모두 변경해 보세요.

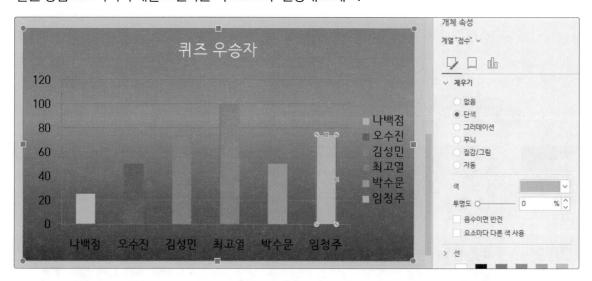

8 ▸ 제목에 있는 왕관 그림을 복사(Ctrl+C)하여 붙여넣은(Ctrl+V) 후 그림처럼 차트 위에 배치하고 크기를 조절해요.

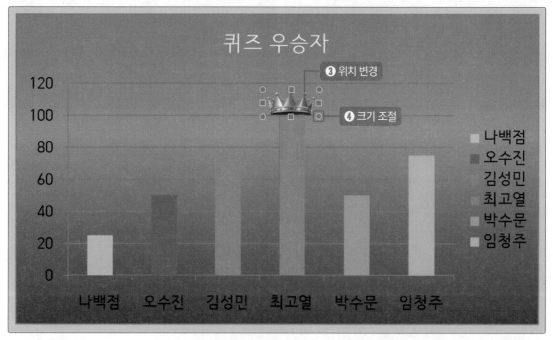

1 '생일선물순위(예제).hwp' 문서를 불러와 작성 조건에 맞게 차트를 만들어 보세요.

· 실습파일 : 생일선물순위(예제).hwp   · 완성파일 : 생일선물순위(완성).hwp

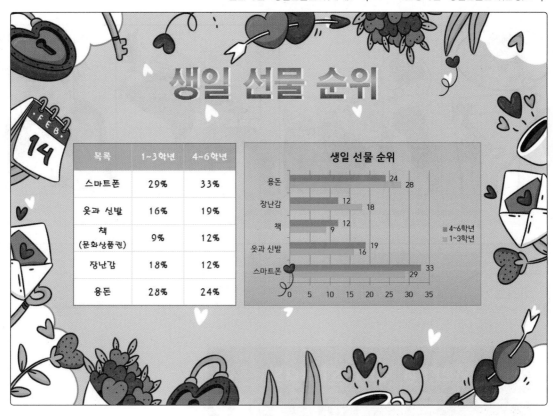

목록	1~3학년	4~6학년
스마트폰	29%	33%
옷과 신발	16%	19%
책 (문화상품권)	9%	12%
장난감	18%	12%
용돈	28%	24%

작성 조건
· 차트 : 종류(묶은 가로 막대형), 차트 제목, 차트 배경(그러데이션), 계열색 변경(1~3학년)
· 하트 모양 그림 복사 후 붙여넣기

차트를 선택한 후 [차트 디자인] 탭-[차트 종류 변경]을 클릭하여 원하는 차트로 변경할 수 있어요.

그림으로 크리스마스 엽서 만들기

✼ 편집 용지를 변경할 수 있어요.
✼ 그림을 삽입하고 크기를 변경할 수 있어요.
✼ 그림의 배치 형태 및 세부 위치를 조절할 수 있어요.

 그림   한글 2022에서는 미리 준비된 그림 파일을 삽입하여 문서를 예쁘게 꾸밀 수 있어요.

미리보기

실습파일 : 크리스마스 엽서(예제).hwp   완성파일 : 크리스마스 엽서(완성).hwp

STEP 01 : 편집 용지 설정하기

1 크리스마스 엽서(예제).hwp 문서를 불러와 [파일]-[편집 용지]를 선택해요.

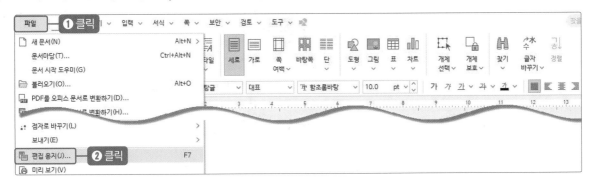

2 [편집 용지] 대화상자가 나타나면 [기본] 탭에서 **용지 종류, 용지 방향, 용지 여백**을 지정하고 <설정>을 클릭해요.

❷ 128mm **❸** 188mm **❹** 가로 **❺** 머리말, 꼬리말 : 0mm, 위쪽, 아래쪽, 왼쪽, 오른쪽 : 10mm

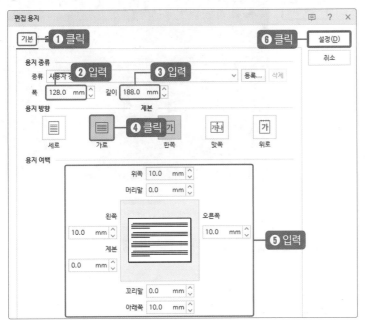

LEVEL UP! 편집 용지 설정

편집 용지 바로 가기 키 : F7

STEP 02 : 배경 그림 삽입하기

1 문서의 배경이 될 그림을 삽입하기 위해 [입력] 탭-[그림(🔽)]을 선택해요.

2 ▸ [그림 넣기] 대화상자에서 **엽서 배경1**을 선택하고 '문서에 포함'만 체크한 후 <열기>를 클릭해요.

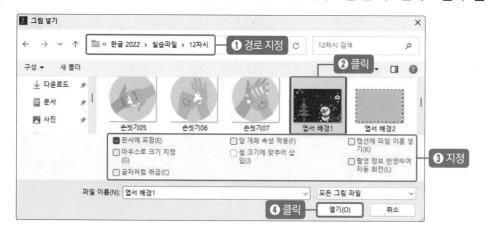

3 ▸ 삽입된 그림을 더블클릭하여 [개체 속성] 대화상자가 나타나면 [기본] 탭에서 **크기**와 **위치**를 지정하고 <설정>을 클릭해요.

❷ 188mm ❸ 128mm ❹ 글 뒤로(▓) ❺ '종이'의 '왼쪽' 0mm ❻ '종이'의 '위' 0mm

4 ▸ 2쪽의 빈 영역으로 커서를 이동시킨 후 [입력] 탭-[그림(▩)]을 선택하여 **엽서 배경2**를 문서에 삽입해요.

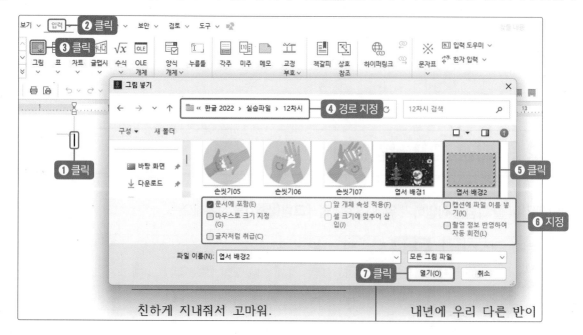

친하게 지내줘서 고마워.   내년에 우리 다른 반이

5 ▶ 삽입된 그림을 더블클릭하여 [개체 속성] 대화상자가 나타나면 [기본] 탭에서 **크기**와 **위치**를 지정하고 <설정>을 클릭해요.

❷ 188mm ❸ 128mm ❹ 글 뒤로(▤) ❺ '종이'의 '왼쪽' 0mm ❻ '종이'의 '위' 0mm

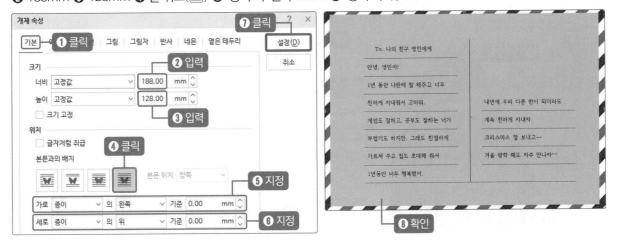

STEP **03** : **그림으로 엽서 꾸미기**

1 ▶ 엽서를 꾸밀 그림을 삽입하기 위해 [입력] 탭-[그림(▤)]을 선택하여 **크리스마스1**을 문서에 삽입해요.

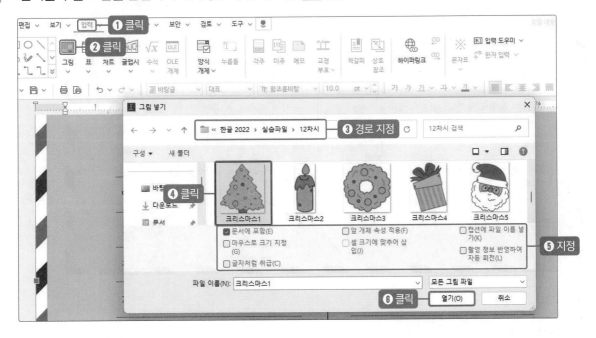

2 ▸ 삽입된 그림을 더블클릭하여 [개체 속성] 대화상자가 나타나면 [기본] 탭에서 **크기**와 **위치**를 지정하고 <설정>
을 클릭한 후 오른쪽 아래에 배치해요.

❸ 30mm ❹ 32mm ❺ 글 앞으로(▆) ❻ 종이

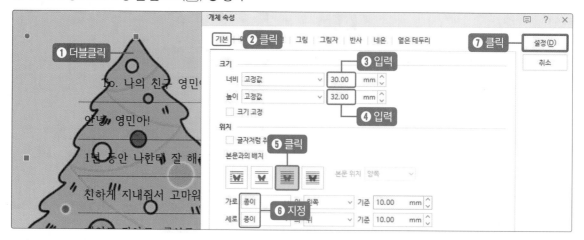

3 ▸ 같은 방법으로 **크리스마스2~크리스마스6** 그림을 문서에 추가하여 엽서를 예쁘게 꾸며보세요.

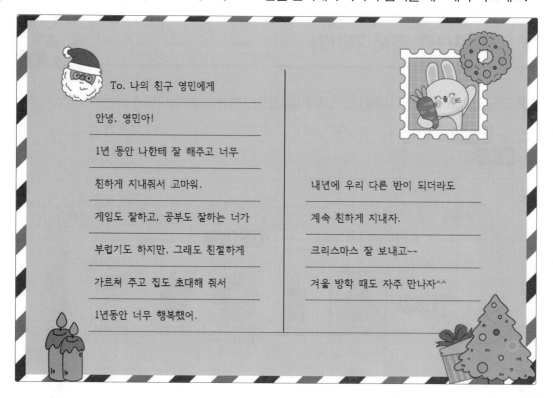

LEVEL
UP!　　그림 배치 순서 변경

그림은 문서에 추가되는 순서대로 겹쳐서 보여요. 그림이 배치되는 순서를 변경하려면 그림을 선택한 후 [그림] 탭에서
[앞으로(▣)] 또는 [뒤로(▣)]를 이용해 겹치는 순서를 변경할 수 있어요.

1 '손씻기(예제).hwp' 문서를 불러와 작성 조건에 맞게 문서를 완성해 보세요.

• 실습파일 : 손씻기(예제).hwp　　　• 완성파일 : 손씻기(완성).hwp

작성 조건

• 배경 그림 : 손씻기 배경, 문서에 포함, 크기 변경(너비 : 297 / 높이 : 216), 글 뒤로,
종이_왼쪽_0mm, 종이_위_0mm

• 손씻기 그림 : 손씻기01~손씻기07, 문서에 포함, 크기 변경, 종이_왼쪽_0mm, 종이_위_0mm

그림 효과로 비버 가족 만들기

☆ 그림을 삽입하고 다양한 효과를 적용할 수 있어요.

☆ 삽입한 그림에 대칭 효과를 적용할 수 있어요.

☆ 그림의 색조를 조정할 수 있어요.

 문서에 삽입한 그림에 다양한 효과를 주면 문서를 보다 시각적으로 꾸밀 수 있어요.

미리보기   실습파일 : 비버가족(예제).hwp   완성파일 : 비버가족(완성).hwp

STEP 01 : 그림 삽입하고 배치하기

1 ▶ **비버가족(예제).hwp**를 불러와 [입력] 탭-[**그림(🖼)**]을 선택해요. [그림 넣기] 대화상자에서 **풀, 비버1, 비버2, 비버3, 구름1, 구름2, 새**를 선택한 후 '문서에 포함'만 체크하고 <열기>를 클릭해요.

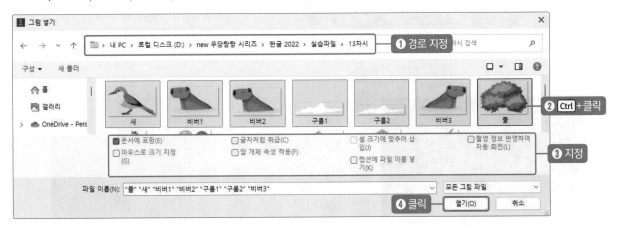

2 ▶ 그림이 삽입되면 Shift를 누른채 모든 그림을 선택한 후 특정 그림을 더블클릭해요. [개체 속성] 대화상자에서 위치를 지정하고 <설정>을 클릭해요.

❹ 글 앞으로(🖼) ❺ 종이

3 ▶ 삽입된 그림을 드래그하여 위치를 변경한 후 조절점(●)으로 크기를 변경해요.

1 ▸ Shift 를 누른 채 **구름1**과 **구름2**를 선택하고 [그림] 탭-[그림 효과]-[네온]-**[네온 설정]**을 클릭해요.

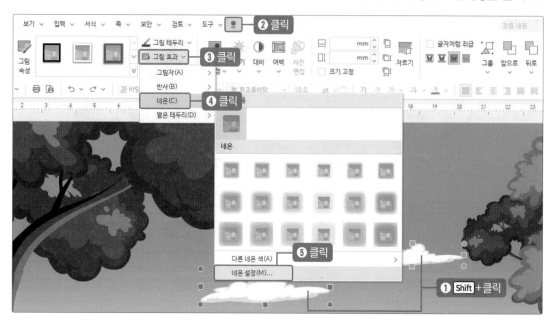

2 ▸ [개체 속성] 대화상자에서 **네온 없음**의 체크를 해제하고 **색과 투명도, 크기**를 지정한 후 <설정>을 클릭해요.
❷ 하양 ❸ 50% ❹ 20pt

LEVEL UP! 그림 효과 지정

개체에 그림 효과(네온, 그림자 등)를 지정하면 위치가 약간씩 이동하기 때문에 키보드 방향키를 눌러 위치를 맞춰주세요.

3 ▸ 네온 효과가 지정되면 **구름1**을 더블클릭해요. [개체 속성] 대화상자가 나타나면 [그림] 탭에서 **투명도(50%)** 를 지정하고 <설정>을 클릭해요.

4 ▸ Shift 를 누른 채 **비버1~3**을 선택하고 [그림] 탭-[그림 효과]-[반사]-**[1/3 크기, 근접]**을 클릭해요.

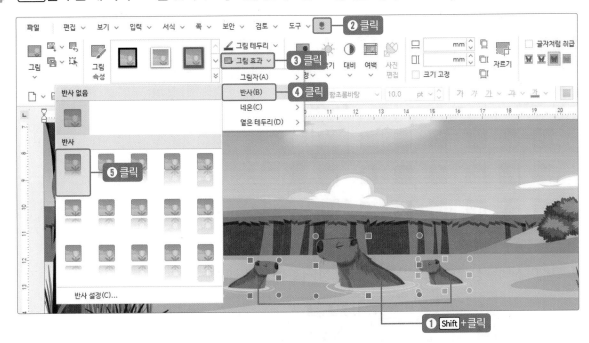

5 ▸ **새** 그림을 선택하고 [그림] 탭-[회전]-**[좌우 대칭]**을 클릭해요.

6 ▸ 방향이 바뀐 **새** 그림을 더블클릭하여 [개체 속성] 대화상자가 나타나면 [그림자] 탭-**[대각선 오른쪽 아래]**를 선택한 후 <설정>을 클릭해요.

7 ▸ **풀** 그림을 더블클릭하여 [개체 속성] 대화상자가 나타나면 [그림자] 탭-**[대각선 왼쪽 위]**를 선택한 후 <설정>을 클릭해요.

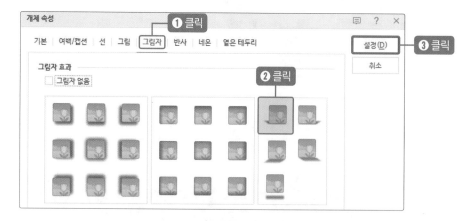

8 ▸ '풀' 그림이 선택된 상태에서 [그림] 탭-[색조 조정]-**[회색조]**를 선택해요.

9 ▸ 모든 작업이 끝나면 비버 가족과 어울리는 그림이 되었는지 확인해 보세요.

1 '놀이공원(예제).hwp' 문서를 불러와 작성 조건에 맞게 그림을 삽입해 보세요.

• 실습파일 : 놀이공원(예제).hwp   • 완성파일 : 놀이공원(완성).hwp

작성
조건
• 그림 삽입 : 오리1~2, 놀이기구1~4, 상점1~3, 풍선
• 그림 배치 : 글 앞으로
• 그림 효과 : 오리1, 오리2(반사), 풍선, 놀이기구1(그림자), 놀이기구4(네온)

사진 편집기로 가족 앨범 만들기

✄ 도형에 그림을 넣을 수 있어요.

✄ 삽입된 그림의 불필요한 부분을 자를 수 있어요.

✄ 사진 편집기로 그림에 다양한 효과를 적용할 수 있어요.

✗ 사진 편집기   한글 2022의 사진 편집 기능은 문서에 삽입한 사진을 보정하거나 배경을 제거하고, 아웃포커싱 효과 등을 지정해 다양한 그림으로 변경할 수 있어요.

 미리보기

실습파일 : 가족앨범(예제).hwp   완성파일 : 가족앨범(완성).hwp

STEP 01 : 도형에 그림 넣고 불필요한 그림 자르기

1 ▸ **가족앨범.hwp**를 불러와 [입력] 탭-**[직사각형(□)]**을 선택한 후 마우스로 드래그하여 도형을 그려요.

2 ▸ 직사각형을 회전시키기 위해 [도형] 탭-[회전(◉)]-**[개체 회전]**을 선택해요.

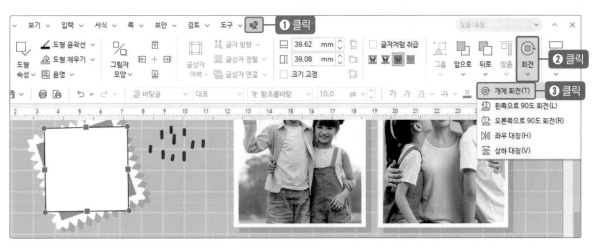

3 ▸ 마우스 포인터를 회전 조절점에 위치시키고 모양(↻)이 변경되면 드래그하여 직사각형을 회전시켜요. 이어서, 크기와 위치를 조절하여 우표 모양에 맞게 배치해요.

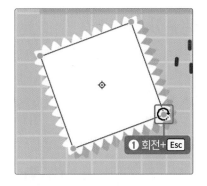 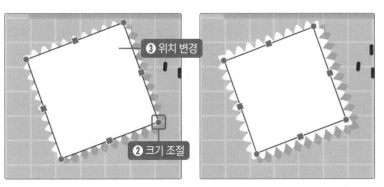

4 ▸ 직사각형을 더블클릭하여 [개체 속성] 대화상자가 나타나면 [선] 탭과 [채우기] 탭에서 **선 종류**와 **그림**을 지정하고 <설정>을 클릭해요.

❷ 없음 ❹ '그림' 체크 후 그림 파일 선택([14차시] 폴더의 '사진1')

5 ▸ 도형에 사진이 삽입되면 두 명이 뛰는 사진을 선택해요. Shift 를 누른 채 가운데 아래 크기 조절점(◼)을 드래그하여 액자 크기에 맞게 그림을 잘라요.

STEP 02 : **사진 편집 기능 적용하기**

1 ▸ 사진을 보정하기 위해 두 명이 뛰는 사진을 선택하고 [그림] 탭-[**사진 편집(🖾)**]을 선택해요.

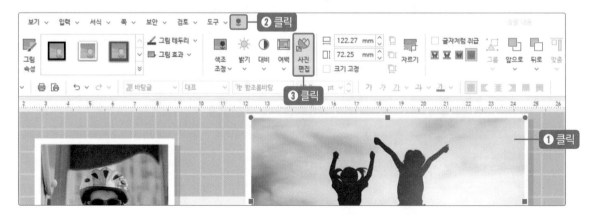

2 ▸ [사진 편집기] 대화상자가 나타나면 **[간편 보정]** 탭에서 보정할 항목을 체크하고 <적용>을 클릭해요.

❷ 어둡게 ❸ 색상을 풍부하게

3 ▸ 이번에는 아웃포커싱 효과를 지정하기 위해 첫 번째 사진을 선택하고 [그림] 탭-**[사진 편집( )]**을 선택해요.

4 ▸ [사진 편집기] 대화상자가 나타나면 **[아웃포커싱 효과]** 탭에서 보정 후 사진의 얼굴을 클릭해요. 이어서, 포커스 모양(타원)과 크기, 강도를 지정하고 <적용>을 클릭해요.

❸ 타원(◉) ❹ 32 ❺ 10

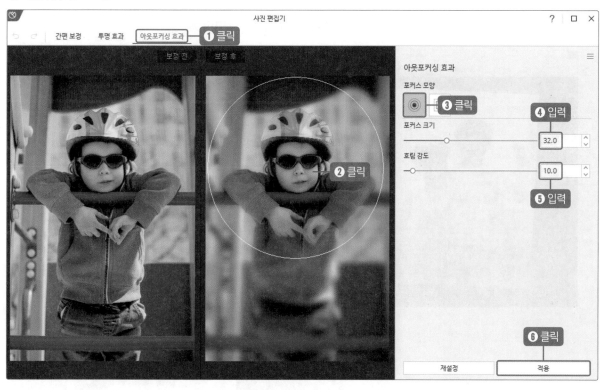

5 ▸ 이번에는 투명 효과를 지정하기 위해 마지막 사진을 선택하고 [그림] 탭-**[사진 편집(✎)]**을 선택해요.

6 ▸ [사진 편집기] 대화상자가 나타나면 **[투명 효과]** 탭에서 **테두리를 부드럽게**와 **유사 색상 범위**를 해요. 마우스 포인터(✎)가 변경되면 연두색 부분을 모두 클릭하여 배경을 투명하게 지정한 후 <적용>을 클릭해요.

❷ 3 ❸ 100

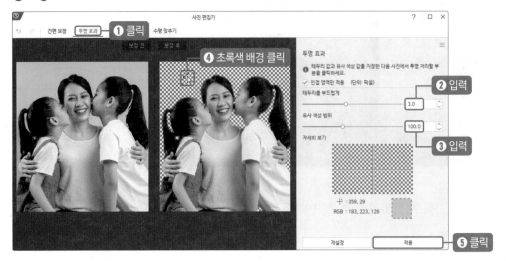

7 ▸ 남자와 여자 아이가 있는 사진을 편집하기 위해 **[수평 맞추기]** 탭에서 눈금자를 드래그하여 **−2.5**로 지정한 후 <적용>을 클릭해요.

8 ▸ 사진 편집이 끝나면 2쪽의 그림을 복사하여 가족 앨범을 예쁘게 꾸며보세요.

1 '웹툰 만들기(예제).hwp' 문서를 불러와 작성 조건에 맞게 웹툰을 꾸며보세요.

· 실습파일 : 웹툰 만들기(예제).hwp   · 완성파일 : 웹툰 만들기(완성).hwp

작성
조건
· 두 번째 말풍선(❶) : 사진 편집(투명 효과), 두 번째 칸 그림(❷) : 사진 편집(어둡게),
네 번째 칸 그림(❸) : 사진 편집(아웃포커싱 효과), 다섯 번째 칸 그림(❹) : 사진 편집(수평 맞추기)
· 말풍선을 복사한 후 글상자 삽입(내용 입력 후 글꼴 서식 지정)

#그리기마당 #그리기 조각&클립아트 #개체 묶기

그리기마당으로 교통안내 미니북 만들기

학습목표

- ❀ 그리기마당에서 원하는 개체를 선택하여 삽입할 수 있어요.
- ❀ 삽입된 개체를 그룹으로 지정할 수 있어요.
- ❀ 개체를 좌우/상하 대칭으로 회전시킬 수 있어요.

❀ 그리기마당   한글 2022 프로그램은 많이 사용하는 개체를 미리 만들어서 제공하거나 한컴 애셋을 이용하여 다운 받을 수 있어요. 등록된 개체는 필요할 때마다 언제든지 가져와 문서에 삽입할 수 있어요.

 미리보기   실습파일 : 교통안전(예제).hwp   완성파일 : 교통안전(완성).hwp

STEP 01 : 그리기 조각으로 말풍선 만들기

1 ▸ **교통안전(예제).hwp**를 불러와 그리기 조각을 삽입하기 위해 [입력] 탭-[그림(■)]-**[그리기마당]**을 선택 해요.

2 ▸ [그리기마당] 대화상자가 나타나면 [그리기 조각] 탭-[설명선]-**[사각형 설명선]**을 선택한 후 <넣기>를 클릭 해요.

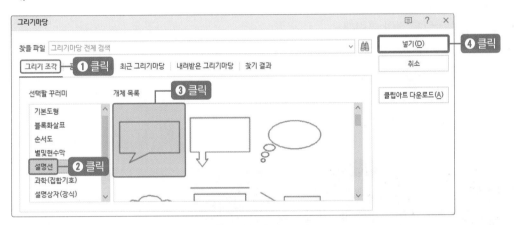

3 ▸ 세 번째 줄 첫 번째 칸 그림 위에서 마우스로 드래그하여 사각형 설명선을 삽입해요. [도형] 탭-[회전(◎)]-**[좌우 대칭]**을 선택한 후 글자를 입력해요.

　❻ "사고나면 112나 119에 신고해요."

STEP 02 : 클립아트로 문서 꾸미기

1 ▸ 클립아트를 삽입하기 위해 [입력] 탭-[그림( )]-**[그리기마당]**을 선택해요. [그리기마당] 대화상자에서 **<클립아트 다운로드>**를 클릭해요.

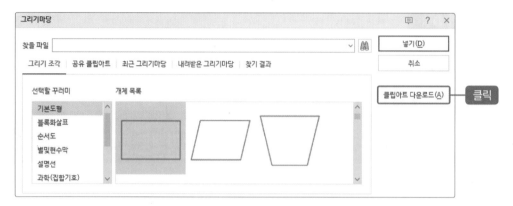

2 ▸ [한컴 애셋] 대화상자에서 [필터( )]를 클릭하고 **교통**을 선택해요. 아래쪽 다음 버튼을 눌러 페이지를 이동하면서 **주정차금지** 클립아트를 찾아 클릭해요.

3 ▸ [다운로드] 창이 나타나면 **<내려받기>**를 클릭해요.

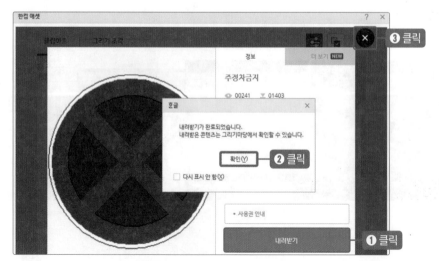

4 ▶ 같은 방법으로 **2색_보행**을 선택해 다운로드하고 [한컴 애셋] 대화상자를 종료해요.

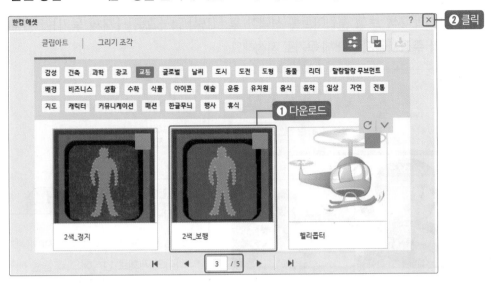

5 ▶ 다운 받은 **주정차금지**를 선택한 후 표가 없는 상단을 드래그하여 작은 크기로 추가해요. 같은 방법으로 **2색_보행**도 추가한 후 대화상자를 닫아줍니다.

6 ▶ Shift를 누른 채 두 개의 클립아트를 모두 선택한 후 하나를 더블클릭하세요. [개체 속성] 대화상자가 나타나면 [기본] 탭에서 **'글 앞으로'**를 선택하고 <설정>을 클릭해요.

7 ▸ 두 개의 클립아트를 그림처럼 크기를 조절한 후 위치를 변경하세요.

8 ▸ Shift를 누른 채 **배경 그림**과 **2색_보행** 클립아트를 선택한 후 [그림] 탭-[그룹]-**[개체 묶기]**를 클릭해요. 같은 방법으로 **배경 그림**과 **주정차금지**도 개체 묶기로 지정해요.

개체 묶기를 실행하면 두 개의 개체가 하나의 개체로 인식해요. 그룹을 해제하려면 [개체 풀기]를 선택하세요.

9 ▸ 위쪽의 그림과 글맵시를 뒤집기 위해 Shift를 누른 채 모두 선택하고 [그림] 탭-[회전(◉)]-**[좌우 대칭]**을 선택해요. 다시 한 번 [그림] 탭-[회전(◉)]-**[상하 대칭]**을 선택해요.

10 ▸ 그림처럼 미니북 도안이 완성된 것을 확인한 후 프린터로 인쇄해 미니북을 만들어요.

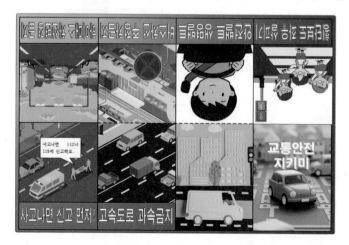

미니북을 만드는 방법은 유튜브(https://www.youtube.com/watch?v=fZhR-L1drxA)를 참고하세요.

90

1 '속담풀이퀴즈(예제).hwp' 문서를 불러와 작성 조건에 맞게 클립아트를 추가해 보세요.

· 실습파일 : 속담풀이퀴즈(예제).hwp   · 완성파일 : 속담풀이퀴즈(완성).hwp

속담 풀이 퀴즈

열 손가락 깨물어
안 아픈 손가락이 없다.

혈육은 다 귀하고 소중함을
비유적으로 이르는 말

냉수 먹고 이 쑤신다.

실속은 없으면서 무엇이
있는 체 한다는 뜻

까마귀 날자
배 떨어진다.

아무 관계없이 한 일이
다른 일과 때가 같아
무슨 관계라도 있는
것처럼 의심을 받는 것

남의 떡이 커보인다.

내 것보다 남의 것이 더
좋아 보인다는 뜻

지렁이도 밟으면
꿈틀한다.

아무리 순하고 좋은
사람이라도 너무
업신여기면 가만있지
아니한다는 말

가재는 게 편이다.

비슷한 무리끼리 모여서
끼리끼리 어울리는 것

불난 집에
부채질한다.

다른 사람이 어려움을
겪을 때 더 어렵게
하거나 화나게 한다는 뜻

바늘 가는데
실 간다.

사람의 긴밀한 관계를
비유적으로 이르는 말

작성 조건
· 클립아트 다운로드 : 검색 칸에 속담 내용을 붙여서 입력

🔍 열손가락   ✕   총 1개

– 검색 : 열손가락, 냉수먹고, 까마귀, 남의떡이, 지렁이도, 가재는, 부채질, 바늘
– 글자처럼 취급

16

#액티비티

B.I.N.G.O 빙고 게임

액티비티

✿ 열심히 공부했으니 즐거운 게임을 즐겨볼까요? 앞에서 배웠던 표, 그림 삽입 기능을 활용하여 재미있는 빙고 게임을 해 봐요. 가로, 세로, 대각선으로 빙고를 만들고 "빙고"를 외치는 팀이 이기는 게임이에요. 어떻게 하면 빙고 게임을 이길 수 있을지 팀원들과 이야기해 보고 게임을 시작해 보세요.

미리보기   실습파일 : 빙고(예제).hwp   완성파일 : 빙고(완성).hwp

놀이 인원

한 팀당 2~3명으로 해도 좋고, 1:1로 해도 좋아요.

놀이 시간

한 게임당 20분

놀이 방법

❶ 팀과 왼쪽 빙고 캐릭터를 정한 후 각 팀의 이름을 위와 아래쪽에 입력하세요.

❷ 각 셀 안에는 주제에 맞는 단어를 팀별로 입력해요.
  (주제 예제 : 가수 이름, 개그맨 이름, 나라 이름, 숫자 등)

❸ 가위바위보로 순서를 정한 후 팀끼리 한 번씩 번갈아가며 셀 안에 적힌 단어를 불러주고 지워요.
  (지우기 : Ctrl 을 누른 채 왼쪽 빙고 캐릭터를 드래그하여 단어 위에 복사해요.)

❹ 만약 상대팀이 불러준 단어가 우리팀 표 안에 있다면 빙고 캐릭터로 지워요.

❺ 가로(6칸), 세로(6칸), 대각선(6칸)으로 단어가 지워지면 빙고가 완성돼요.

❻ 1줄 빙고를 만들고 먼저 "빙고"를 외치는 팀이 승리해요. 이긴 팀은 빙고 캐릭터를 오른쪽 Win 칸에 복사해요.(완성할 빙고의 수는 상대편과 미리 정하세요.)

STEP 01 : 표와 그림을 삽입하고 편집하기

1 ▸ 빙고(예제).hwp를 불러와 [입력] 탭-**[표(☷)]**를 선택해요. [표 만들기] 대화상자에서 줄 수(6)와 칸 수(6)를 지정하고 **마우스 끌기로 만들기**를 체크한 후 <만들기>를 클릭해요.

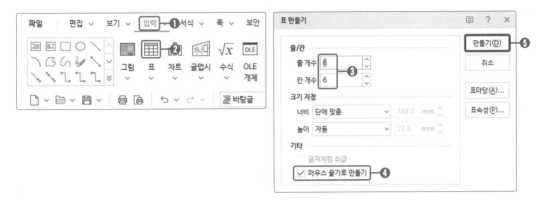

2 ▸ 마우스로 드래그하여 표를 만든 후 표 전체를 블록으로 지정하고 P를 눌러요.

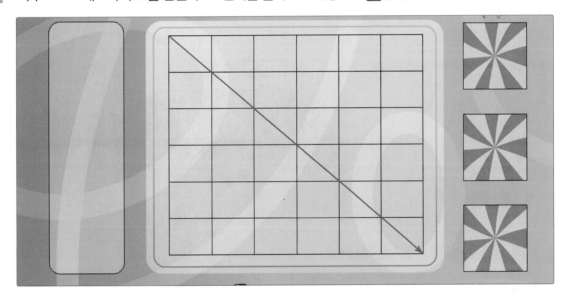

3 ▸ [표/셀 속성] 대화상자가 나타나면 [기본] 탭에서 **글 앞으로**를 선택하고 <설정>을 클릭해요.

4 ▸ 표가 블록으로 지정된 상태에서 L을 눌러 [셀 테두리/배경] 대화상자가 나타나면 [테두리] 탭과 [배경] 탭에서 다음과 같이 지정하고 <설정>을 클릭해요.

❷ 점선 ❸ 모두 ❻ 하늘색 80% 밝게

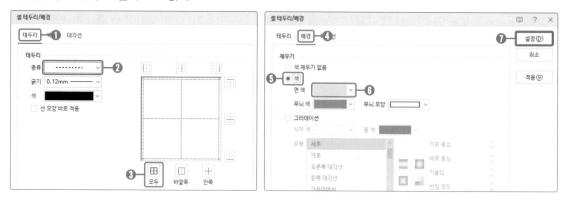

5 ▸ 그림을 삽입하기 위해 [입력] 탭-[그림( )]를 선택해요. [그림 넣기] 대화상자에서 **빙고말1~빙고말4**를 선택하고 <열기>를 클릭해요.

6 ▸ 삽입된 그림을 모두 선택하고 특정 그림을 더블클릭해요. [개체 속성] 대화상자가 나타나면 [기본] 탭에서 **글 앞으로**를 선택하고 <설정>을 클릭해요.

7 ▸ 그림의 크기를 줄인 후 위치를 그림처럼 배치해요.

STEP 02 : 빙고 게임하기

1 ▶ 각 팀의 이름을 입력해요. 셀 안에는 주제에 맞는 단어를 입력하고 **글꼴 서식**과 **정렬**을 지정해요.

2 ▶ 셀 안의 단어를 말한 후 Ctrl 을 누른 채 해당 단어 위로 빙고 캐릭터를 드래그해요. 1줄이 완성되면 "빙고"를 외쳐요. 각 판에서 이긴 팀의 빙고 캐릭터를 오른쪽 win에 복사하여 누가 이겼는지 표시해요.

17

#도형 #개체 묶기와 풀기 #개체 회전

도형으로 스토리보드 만들기

학습목표

✎ 도형을 삽입하고 속성을 변경할 수 있어요.
✎ 완성된 도형에 개체 묶기와 풀기를 할 수 있어요.
✎ 개체를 원하는 각도로 회전시킬 수 있어요.

✿ **도형** 직선, 직사각형, 타원, 호, 다각형, 곡선, 자유선, 개체 연결선 등을 문서에 삽입하여 도형으로 재미있는 문서를 만들 수 있어요.

 미리보기 | 실습파일 : 스토리보드(예제).hwp 　완성파일 : 스토리보드(완성).hwp

스토리보드

장면1.

폭염으로 뜨거운 주말 낮 조용한 학교

장면2.

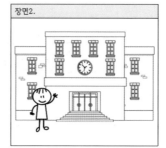

재석이가 종국이를 보고 손을 흔들며
인사를 한다.

장면3.

종국이는 약속 시간에 늦은 재석이가
밝게 인사하자 화가 난 표정을 짓는다.

장면4.

화가난 종국이의 얼굴을 본 재석이는
미안하다며 사과를 한다.

96

STEP 01 : 도형으로 캐릭터 그리기

1▸ 스토리보드(예제).hwp를 불러와 캐릭터의 몸을 그리기 위해 [입력] 탭–**[다각형(△)]**을 선택해요. 마우스 포인터가 ＋모양으로 바뀌면 선이 만나는 꼭짓점을 클릭해 다각형을 그려요.

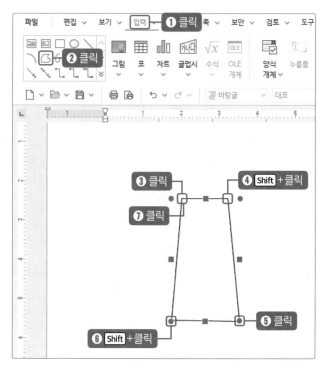

LEVEL UP! 다각형 도형 그리기

❶ 선(변)이 만나는 꼭짓점 부분을 마우스로 클릭하여 도형을 그릴 수 있어요.

❷ 선(변)을 반듯하게 직선으로 그릴 때는 [Shift] 를 누른 채 선을 그려요.

❸ 다각형 도형을 완성하려면 처음 시작점을 클릭해야 해요.

2▸ 캐릭터의 머리를 그리기 위해 [입력] 탭–**[타원(○)]**을 선택해요. 마우스 포인터가 ＋모양으로 바뀌면 드래그하여 타원을 그린 후 몸 크기에 맞게 크기를 조절하고 배치해요.

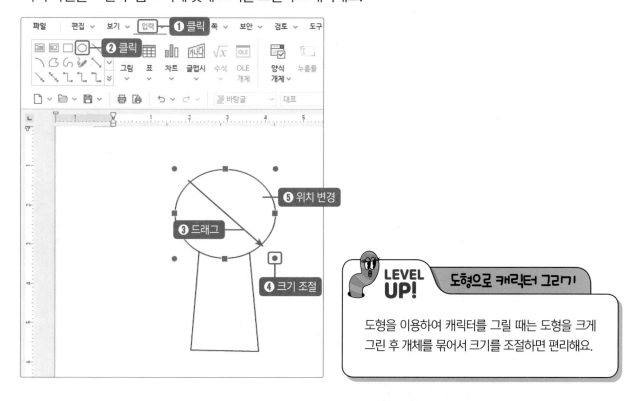

LEVEL UP! 도형으로 캐릭터 그리기

도형을 이용하여 캐릭터를 그릴 때는 도형을 크게 그린 후 개체를 묶어서 크기를 조절하면 편리해요.

3 ▸ 캐릭터의 **머리카락과 눈, 다리**를 그리기 위해 [입력] 탭-[**직선(╲)**]을 더블클릭해요.

LEVEL UP! 도형 연속 그리기

도형을 더블클릭하면 같은 도형을 계속 그릴 수 있어요.

4 ▸ 마우스 포인터가 ╋ 모양으로 바뀌면 드래그하여 **머리카락과, 눈, 다리**를 그려요.

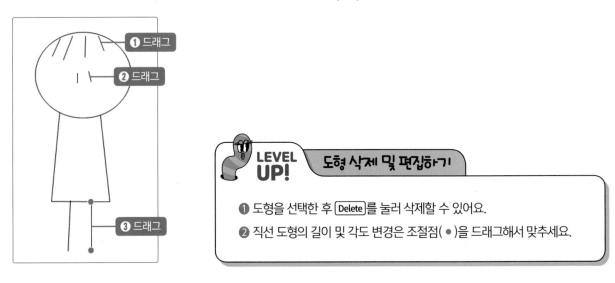

LEVEL UP! 도형 삭제 및 편집하기

❶ 도형을 선택한 후 [Delete]를 눌러 삭제할 수 있어요.
❷ 직선 도형의 길이 및 각도 변경은 조절점(●)을 드래그해서 맞추세요.

5 ▸ 발을 그리기 위해 [입력] 탭-[**타원(◯)**]을 선택해요. 다리 아래에 드래그하여 발을 그리고 [Ctrl]+[Shift]를 누른 채 드래그하여 발을 복사해요.

6 ▸ 발을 회전시키기 위해 [도형] 탭-[회전(▣↻)]-[**개체 회전**]을 선택해요.

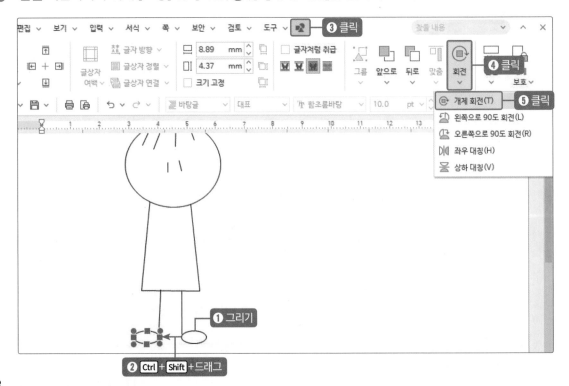

7 ▸ 마우스 포인터를 회전 조절점에 위치시키고 모양(⟳)이 변경되면 드래그하여 타원을 회전시켜요.

8 ▸ 팔을 그리기 위해 [입력] 탭-[호(⌒)]을 선택해요. 마우스 포인터가 ＋모양으로 바뀌면 드래그하여 팔을 그려요.

LEVEL UP! 호 그리기

호를 그릴 때는 드래그하는 방향에 따라 호 모양이 달라져요. 교재는 왼쪽 위에서 오른쪽 대각선 방향으로 드래그해야 손 모양을 그릴 수 있어요.

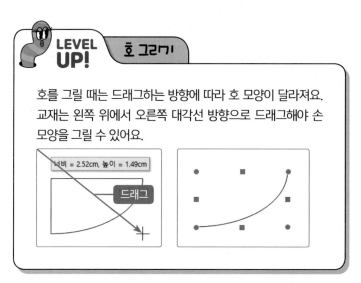

9 ▸ '호' 도형을 더블클릭하여 [개체 속성] 대화상자가 나타나면 [채우기] 탭에서 **색 채우기 없음**을 선택하고 <설정>을 클릭해요.

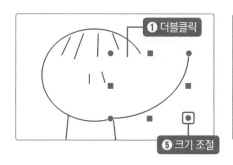

10 ▸ '호' 도형을 선택하고 [Ctrl]+[C]를 누른 후 [Ctrl]+[V]를 **두 번** 눌러 복사해요. 복사된 '호' 도형의 크기와 위치
를 변경한 후 그림을 참고하여 회전시켜요.

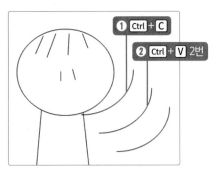

LEVEL UP!   도형 회전

❶ 입 : [도형] 탭-[회전(◉)]-[개체 회전] → 마우스로 드래그
❷ 왼쪽 팔 : [도형] 탭-[회전(◉)]-[좌우 대칭] → [상하 대칭]
📣 도형을 회전한 후 크기를 조절하면 더 세밀하게 맞출 수 있어요.

11 ▸ 손을 그리기 위해 [입력] 탭-[직선(＼)]을 **더블클릭**해요. 마우스
포인터가 ＋모양으로 바뀌면 드래그하여 손을 그려요.

LEVEL UP!   화면 확대 및 축소

손을 그릴 때는 화면을 확대하여 그리는 것이 더 편해요.

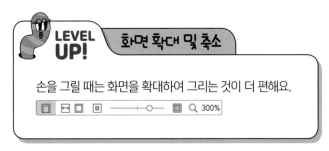

12 ▸ 모든 도형을 하나의 개체로 만들기 위해 도형 하나를 선택하고 [도형] 탭-[**개체 선택(▢)**]을 클릭해요. 도형
외곽에서 대각선 방향으로 드래그하여 모든 도형을 선택해요.

LEVEL UP!   개체 선택

[편집] 탭에서 [**개체 선택**]을 선택할 수도 있어요.

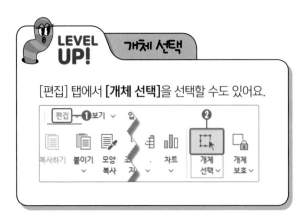

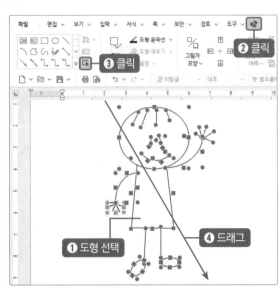

13 ▸ 선택된 개체를 묶기 위해 [도형] 탭-[그룹( )]-**[개체 묶기]**를 선택한 후 캐릭터를 더블클릭해요.

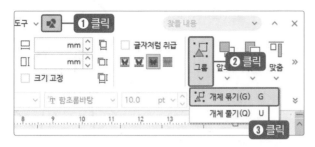 

14 ▸ [개체 속성] 대화상자가 나타나면 [선] 탭에서 '굵기'를 **0.4mm**로 변경하고 <설정>을 클릭해요.

STEP 02 도형을 복사해 캐릭터 그리기

1 ▸ Ctrl + Shift 를 누른 채 캐릭터를 드래그하여 복사하고 [도형] 탭-[그룹( )]-**[개체 풀기]**를 선택해요.

2 ▸ 머리카락과 팔, 손, 회전시킨 발을 선택하여 삭제하고 **입과 눈 도형**을 드래그하여 그림처럼 배치해요.

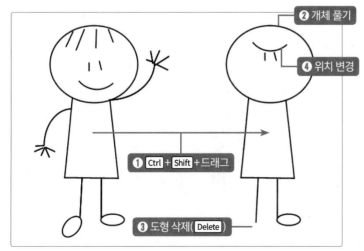 

3 ▸ 오른쪽 그림을 참고하여 새로운 캐릭터를 완성해요.

❶ 입 모양 : 눈썹(호) 복사 → 상하 대칭 → 크기 및 위치 조절 → 눈(선) 복사 →
길이 및 위치 조절

❷ 팔 : 눈(선) 복사 → 길이 및 위치 조절

❸ 발 : 발(타원) 복사

❹ 그룹 지정 : 전체 선택 → 개체 묶기

📢 직선 도형의 길이 및 각도 변경은 조절점(●)을 드래그해서 맞추세요.

4 ▸ 첫 번째 캐릭터를 복사하여 오른쪽 그림처럼 새로운 캐릭터를 완성해요.

❶ 개체 삭제 : 개체 풀기 → 팔과 손 삭제

❷ 눈 : 눈(선)의 조절점을 드래그하여 가로 방향으로 변경 → 길이 및 위치 조절

❸ 눈물 : 발(타원) 복사 → 크기 및 위치 조절

❹ 입 : 상하 대칭

❺ 팔 : 눈(선) 복사 → 길이 및 위치 조절 → 조절점을 드래그하여 각도 변경

❻ 그룹 지정 : 전체 선택 → 개체 묶기

5 ▸ 완성된 캐릭터의 크기를 줄여서 2쪽에 있는 장면에 배치한 후 내용을 입력하여 스토리보드를 완성해 보세요.

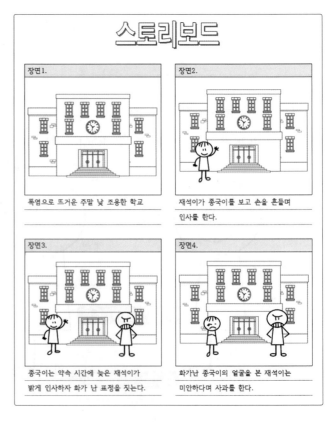

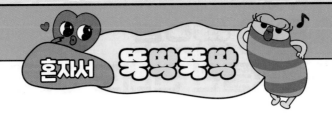

1 '캐릭터 표정(예제).hwp' 문서를 불러와 작성 조건에 맞게 도형을 삽입하여 캐릭터를 꾸며보세요.

· 실습파일 : 캐릭터 표정(예제).hwp   · 완성파일 : 캐릭터 표정(완성).hwp

작성 조건

· 캐릭터 전체 : 선과 호 도형은 선 굵기(2mm)와 선 끝 모양(둥글게)을 변경

· 눈 : 타원(선 종류 : 없음, 색 채우기 : 검정, 하양)

18 스크린 샷으로 공룡박물관 안내도 만들기

학습목표

✄ 스크린 샷 기능을 이용하여 웹 페이지를 캡쳐할 수 있어요.

✄ 스크린 샷으로 캡쳐한 그림에 효과를 적용할 수 있어요.

✄ 스크린 샷   인터넷에서 예쁜 사진이나 유용한 자료를 봤을 때 그 내용을 그대로 문서에 넣고 싶다면 스크린 샷 기능을 이용하면 돼요. 화면 캡쳐 기능을 이용하여 필요한 부분만 가져와 문서에 담을 수 있어요.

 미리보기   실습파일 : 공룡박물관(예제).hwp   완성파일 : 공룡박물관(완성).hwp

STEP 01 · 글맵시로 제목 만들기

1 ▸ **공룡박물관(예제).hwp**를 불러와 글상자의 바로 윗 부분을 클릭한 후 [입력] 탭-[글맵시(가나다)]-[**채우기 – 없음, 직사각형 모양(가나다)**]을 선택해요.

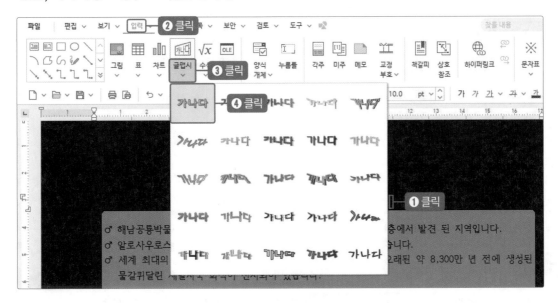

2 ▸ [글맵시 만들기] 대화상자에서 **내용(해남공룡박물관)**을 입력하고 <설정>을 클릭해요.

3 ▸ 글맵시가 선택된 상태에서 [글맵시] 탭-[**글자처럼 취급**]을 선택한 후 크기를 변경해 그림처럼 배치해요.

1▸ 웹 브라우저를 실행하여 **네이버(naver.com)**로 이동한 후 검색어 입력 칸에 **해남공룡박물관**을 입력해요.
검색 결과가 나오면 박물관 사이트 주소를 클릭해 해당 사이트로 이동해요.

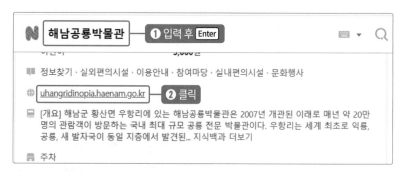

2▸ '해남공룡박물관' 홈페이지가 열리면 [전시관]-[**공룡박물관**]을 선택해요.

3▸ '공룡박물관' 페이지가 열리면 캡쳐할 위치로 화면을 이동해요.

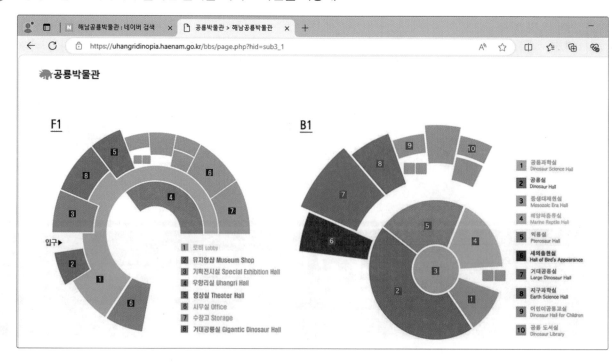

4 ▸ 한글 2022 프로그램에서 캡쳐한 그림이 삽입될 위치를 지정하기 위해 **공룡박물관 안내도** 아래쪽에 커서를 위치시켜요.

5 ▸ 화면을 캡쳐하기 위해 [입력] 탭-[그림(🖼)]-[스크린 샷]-**[글자처럼 취급]**을 선택한 후 **[화면 캡쳐]**를 클릭 해요.

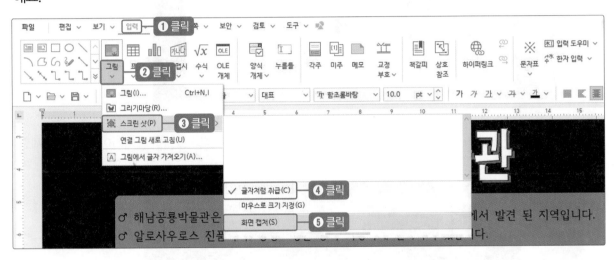

6 ▸ 마우스 포인터가 **+** 모양으로 변경되면 **캡쳐할 곳을 드래그**하여 화면을 캡쳐해요.

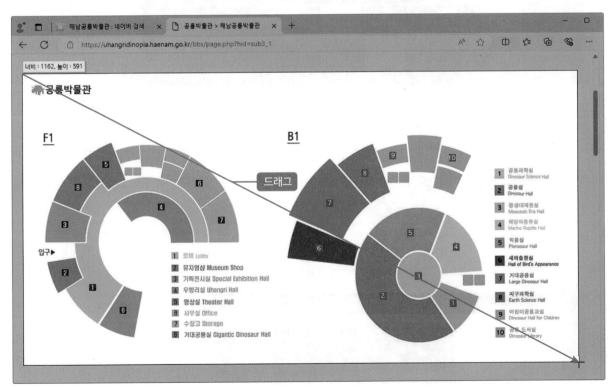

7 ▸ 한글 2022에 캡처한 그림이 삽입되면 크기를 변경해요. 이어서, 그림에 효과를 지정하기 위해 [그림] 탭-
[검은색 아래쪽 그림자(▨)]를 선택해요.

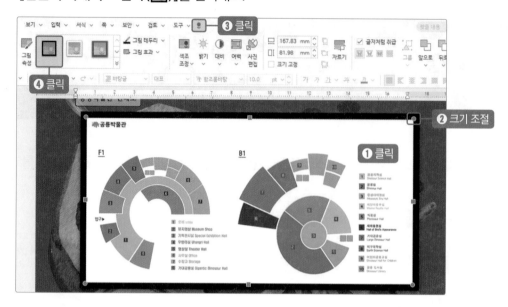

8 ▸ 그림 오른쪽 끝에서 Enter 를 누른 후 **4~6**과 같은 방법으로 전시관 설명 그림을 캡처하여 배치해 보세요.

LEVEL UP! 그림 자르기

캡처된 그림은 [그림] 탭에서 [자르기(▨)] 메뉴를 이용하거나, Shift 를 누른 채 조절점을 드래그하여 불필요한 부분을
잘라낼 수 있어요.

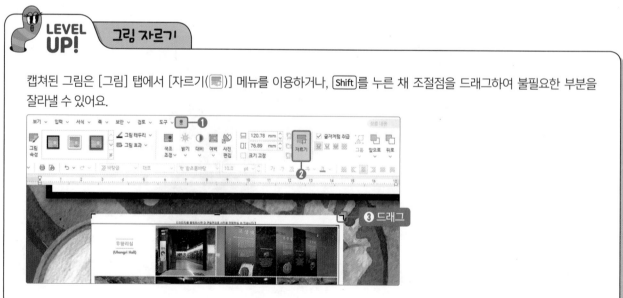

혼자서 뚝딱뚝딱

1 '해외안전여행(예제).hwp' 문서를 불러와 작성 조건에 맞게 문서를 완성해 보세요.

· 실습파일 : 해외안전여행(예제).hwp · 완성파일 : 해외안전여행(완성).hwp

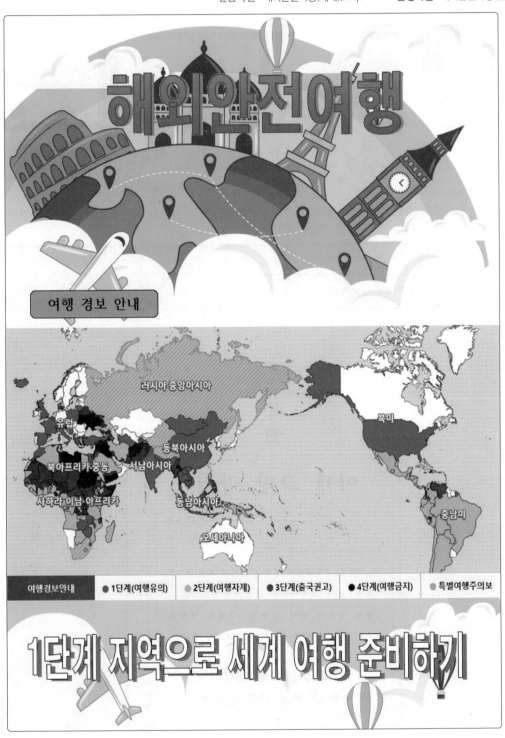

작성
조건
· 글맵시 : 본문과의 배치(글 앞으로)
· 스크린 샷 : 네이버에서 "외교부 해외안전여행"으로 검색

#바탕쪽 #위치 설정 #배분 정렬

19 바탕쪽으로 운동회 상장 만들기

학습목표

- 바탕쪽의 기능을 이해하고 그림을 삽입할 수 있어요.
- 삽입한 그림에 효과를 지정할 수 있어요.
- 표 안에 입력된 텍스트에 다양한 서식을 지정할 수 있어요.

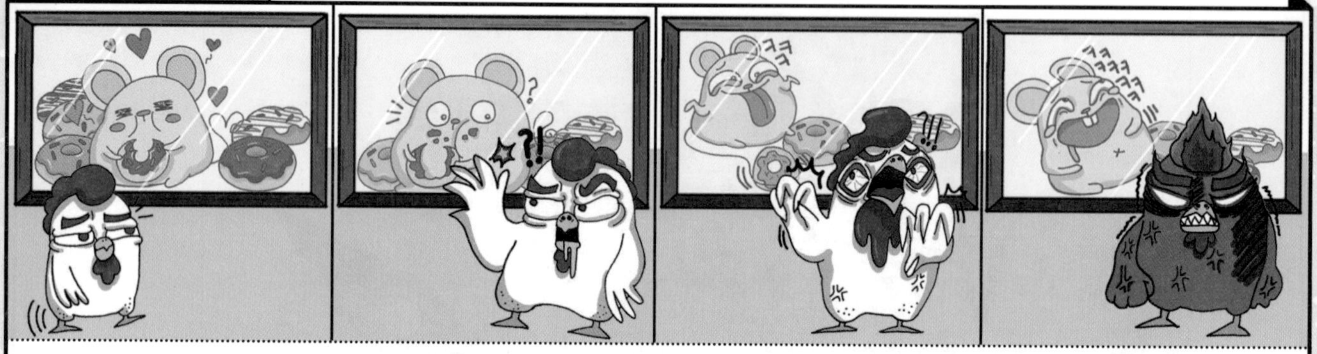

바탕쪽 바탕쪽은 문서 전체에 공통으로 적용되는 쪽 모양을 설정할 때 사용하면 좋은 기능이에요. 공통으로 적용되는 테두리 모양이나 배경색, 배경 그림 등을 문서에 추가할 때 사용하면 좋아요.

미리보기

실습파일 : 상장(예제).hwp 완성파일 : 상장(완성).hwp

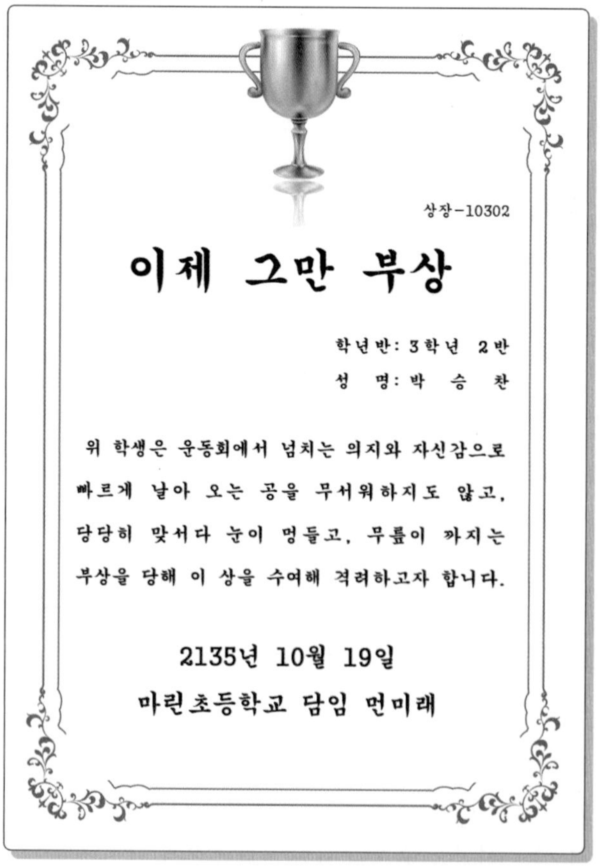

상장-10302

이제 그만 부상

학년반 : 3학년 2반
성 명 : 박 승 찬

위 학생은 운동회에서 넘치는 의지와 자신감으로 빠르게 날아 오는 공을 무서워하지도 않고, 당당히 맞서다 눈이 멍들고, 무릎이 까지는 부상을 당해 이 상을 수여해 격려하고자 합니다.

2135년 10월 19일
마린초등학교 담임 먼미래

STEP 01 : 바탕쪽으로 상장 배경 꾸미기

1 ▸ **상장(예제).hwp**를 불러와 상장 테두리를 바탕쪽에 삽입하기 위해 [편집] 탭-**[바탕쪽(　)]**을 클릭해요.
[바탕쪽] 대화상자가 나타나면 <만들기>를 클릭해요.

2 ▸ 바탕쪽 편집 화면이 열리면 [바탕쪽] 탭-**[그림(　)]**을 클릭해요. [19차시] 폴더에서 **상장 테두리**를 선택하고
'문서에 포함'만 체크한 후 <열기>를 클릭해요.

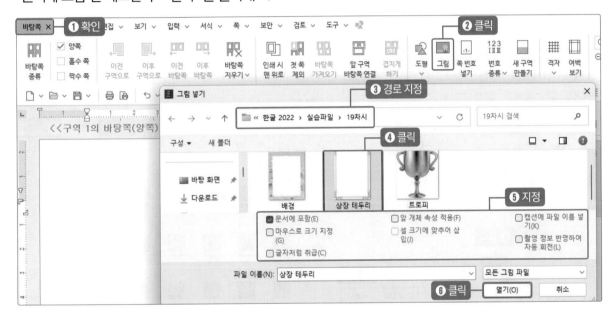

3 ▸ 그림이 삽입되면 마우스로 더블클릭해요. [개체 속성] 대화상자가 나타나면 [기본] 탭에서 **크기**와 **위치**를 지정
한 후 <설정>을 클릭해요.
❸ 201mm ❹ 284mm ❺ 글 뒤로 ❻ '종이'의 '왼쪽' 4mm ❼ '종이'의 '위' 7mm

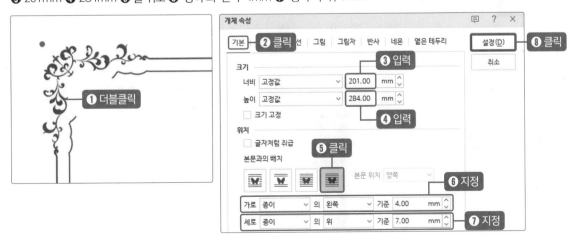

4 ▸ 다른 그림을 추가하기 위해 [바탕쪽] 탭-[그림(■)]을 클릭해요. [19차시] 폴더에서 **트로피**를 선택하고 '문서에 포함'만 체크한 후 <열기>를 클릭해요.

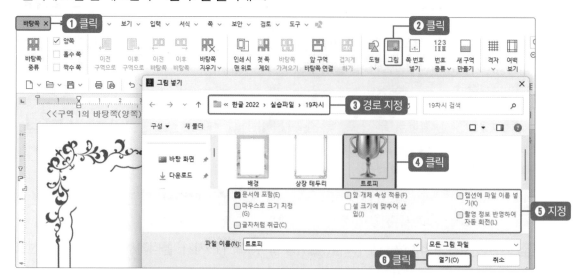

5 ▸ 그림이 삽입되면 마우스로 더블클릭해요. [개체 속성] 대화상자가 나타나면 [기본] 탭과 [반사] 탭을 다음과 같이 지정한 후 <설정>을 클릭해요.

❷ 46mm ❸ 55mm ❹ 글 앞으로 ❺ '종이'의 '왼쪽' 83mm ❻ '종이'의 '위' 3mm ❽ 1/3 크기, 근접

6 ▸ 그림이 없는 빈 곳을 선택한 후 [바탕쪽] 탭-[닫기(⊗)]를 클릭해요.

1 ▸ 문서 편집 창에서 셀 안에 커서를 위치시키고 F5를 **3번** 눌러 셀 전체를 블록으로 지정한 후 L을 눌러요.

2 ▸ [셀 테두리/배경] 대화상자가 나타나면 [테두리] 탭에서 **선 종류**를 지정하고 <설정>을 클릭해요.

❹ 없음 ❺ 모두

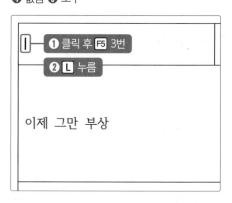

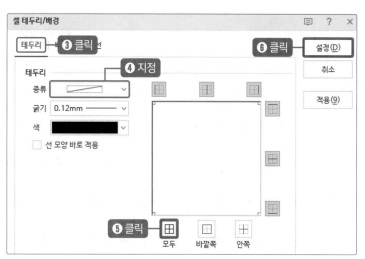

3 ▸ 셀 전체가 블록으로 지정된 상태에서 [서식] 도구 상자에서 **글꼴(HY궁서)**를 지정한 후 Esc를 눌러요.

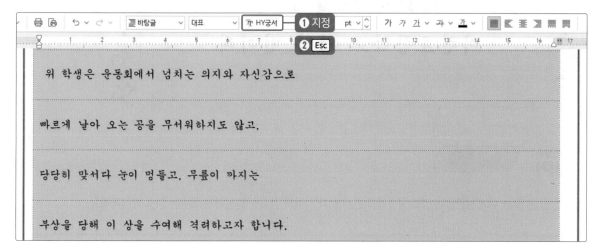

4 ▸ 상장 번호**(상장-10302)**를 마우스로 드래그하여 블록으로 지정한 후 [서식] 도구 상자에서 **글자 크기**와 **정렬**을 지정해요.

❷ 16pt ❸ 오른쪽 정렬

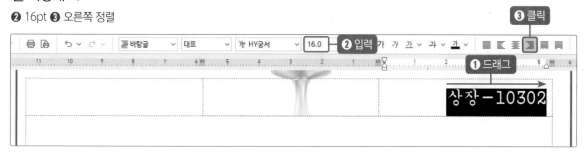

5 ▸ 같은 방법으로 나머지 셀의 글자도 다양한 서식을 지정하여 상장을 완성해 보세요.

❶ 50pt, 진하게, 가운데 정렬 ❷ 18pt, 진하게, 배분 정렬 ❸ 20pt, 진하게, 배분 정렬, 왼쪽 여백(3pt), 오른쪽 여백(3pt)
❹ 27pt, 진하게, 가운데 정렬

LEVEL UP! 배분 정렬

'배분 정렬'은 글자 수에 상관없이 양쪽 정렬을 하면서 글자 사이의 간격을 일정하게 띄우는 정렬 방식이에요.

1 '틀린그림찾기(예제).hwp' 문서를 불러와 작성 조건에 맞게 문서를 완성한 후 틀린 그림을 찾아
보세요.

· 실습파일 : 틀린그림찾기(예제).hwp   · 완성파일 : 틀린그림찾기(완성).hwp

작성
조건

· 바탕쪽 배경 그림 : 그림(배경.jpg), 크기(너비 : 210mm, 높이 : 297mm), 본문과의 배치(글 뒤로),
가로('종이'의 '왼쪽' 0mm), 세로('종이'의 '위' 0mm)
· 바탕쪽 글맵시 : [입력]-[글맵시], 본문과의 배치(글 앞으로),
가로('종이'의 '왼쪽' 0mm), 세로('종이'의 '위' 0mm), 크기 및 위치 변경

학습목표

#스타일 #새 스타일 추가 #스타일 적용

스타일로 반려견 입양 홍보물 만들기

✿ 스타일 기능을 이해하고 새로운 스타일을 추가할 수 있어요.
✿ 만들어진 스타일을 적용할 수 있어요.

✿ 스타일   문서를 통일성 있게 만들고 싶을 때 스타일 기능을 활용하면 편리해요. 스타일은 글자 모양이나 문단 모양을 미리 만들어 두고 단축 키를 누르거나 메뉴를 선택해 쉽게 적용할 수 있어요.

미리보기

실습파일 : 반려견가족(예제).hwp   완성파일 : 반려견가족(완성).hwp

1 ▸ **반려견가족(예제).hwp**를 불러와 **반려견 가족을 찾습니다.**를 드래그하여 블록으로 지정한 후 [서식] 탭-[글자 모양(가)]을 선택해요.

2 ▸ [글자 모양] 대화상자가 나타나면 [기본] 탭을 다음과 같이 지정하고 <설정>을 클릭해요.

❷ 24pt ❸ HY엽서M ❹ 진하게 ❺ 외곽선 ❻ 그림자

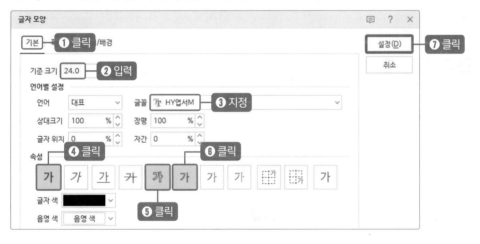

3 ▸ 글자가 블록으로 지정된 상태에서 [서식] 도구 상자의 **가운데 정렬(三)**을 클릭한 후 Esc 를 눌러요.

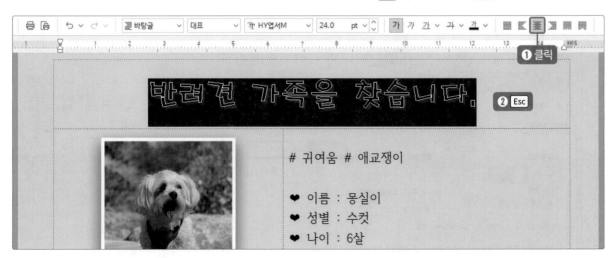

4 ▸ 지정한 서식을 스타일로 만들기 위해 텍스트 안에 커서를 위치시키고 [서식] 탭-[**스타일 추가하기(**⌨**)**]를 선택해요. [스타일 추가하기] 대화상자에서 스타일 이름(**제목**)을 입력하고 <추가>를 클릭해요.

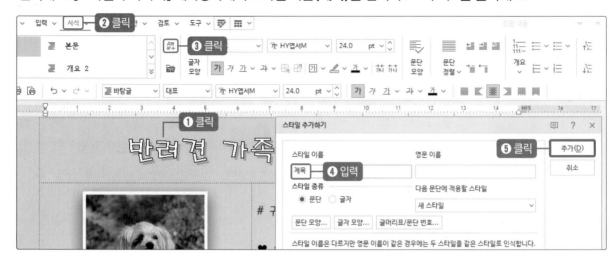

5 ▸ **# 귀여움 # 애교쟁이**를 블록으로 지정하고 [서식] 탭-[**글자 모양(**가가**)**]을 선택해요. [글자 모양] 대화상자가 나타나면 [기본] 탭을 다음과 같이 지정하고 <설정>을 클릭해요.

❸ MD이솝체 ❹ 진하게 ❺ 노랑 80% 밝게

6 ▸ 커서를 텍스트에 위치시키고 [서식] 탭-[**스타일 추가하기(**⌨**)**]를 선택해요. [스타일 추가하기] 대화상자에서 스타일 이름(**태그**)을 입력하고 <추가>를 클릭해요.

STEP 02 ┊ 새 스타일 추가하기

1▸ 이번에는 다른 방법으로 스타일을 만들어 볼게요. 반려견 안내글을 모두 블록으로 지정하고 F6키를 눌러요.

2▸ [스타일] 대화상자가 나타나면 **[스타일 추가하기(＋)]**를 클릭해요.

3▸ [스타일 추가하기] 대화상자에서 스타일 이름(설명)을 입력한 후 **[문단 모양]**과 **[글자 모양]**을 번호 순서대로 지정하세요.

❺ 8pt ❻ 150% ❿ HY궁서

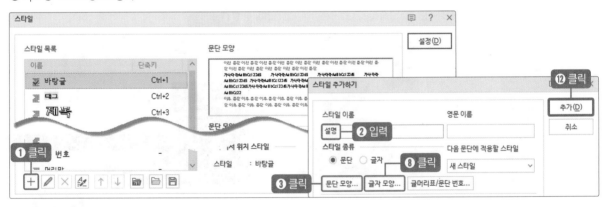

4 ▸ 스타일 목록에 **설명**이 추가되면 [스타일] 대화상자에서 <설정>을 클릭해요.

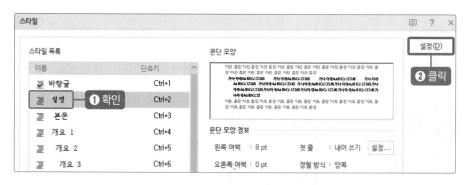

STEP **03** : **스타일 적용하기**

1 ▸ 추가한 스타일을 다른 페이지에 적용하기 위해 텍스트를 블록으로 지정하고 [서식] 탭의 스타일 항목에서 원하는 스타일을 선택해요.

2 ▸ 같은 방법으로 2쪽에 있는 텍스트도 스타일을 적용해요.
❶ '제목' 스타일 ❷ '태그' 스타일 ❸ '설명' 스타일

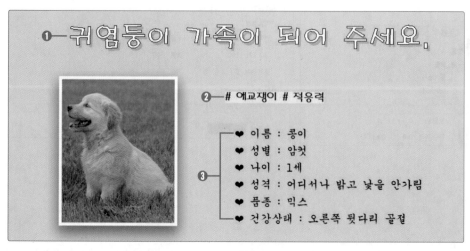

1 '마카롱(예제).hwp' 문서를 불러와 작성 조건에 맞게 스타일을 만들고 적용해 보세요.

・실습파일 : 마카롱(예제).hwp　　　・완성파일 : 마카롱(완성).hwp

작성
조건

・ 스타일 지정(❶) : 스타일 이름, 문단 모양(정렬, 줄 간격), 글자 모양 지정
・ 스타일 지정(❷) : 스타일 이름, 문단 모양(정렬), 글자 모양 지정
・ 스타일 지정(❸) : 스타일 이름, 문단 모양(줄 간격), 글자 모양 지정

📢 스타일 추가는 F6 을 눌러 작업하세요.

21

#책갈피 #하이퍼링크

책갈피&하이퍼링크로 MBTI별 추천 학과 만들기

학습목표

☞ 지정한 위치에 책갈피를 만들 수 있어요.
☞ 개체나 텍스트에 하이퍼링크를 지정할 수 있어요.
☞ 하이퍼링크에 책갈피를 연결할 수 있어요.

☞ **책갈피**   문서를 편집하는 도중에 본문의 여러 곳에 표시해 두었다가 현재 커서의 위치에 상관없이 표시한 곳으로 커서를 바로 이동시킬 수 있어요.

☞ **하이퍼링크**   문서의 특정 개체에 현재 문서나 다른 문서, 웹 페이지, 전자 우편 등을 연결하여 해당 개체를 클릭만 하면 지정된 위치로 이동할 수 있어요.

 **미리보기**   실습파일 : MBTI(예제).hwp   완성파일 : MBTI(완성).hwp

STEP 01 : 책갈피 만들기

1 ▸ MBTI(예제).hwp를 불러와 **2쪽**에 ISTJ 앞에 커서를 위치시키고 [입력] 탭-**[책갈피(📖)]**를 선택해요.

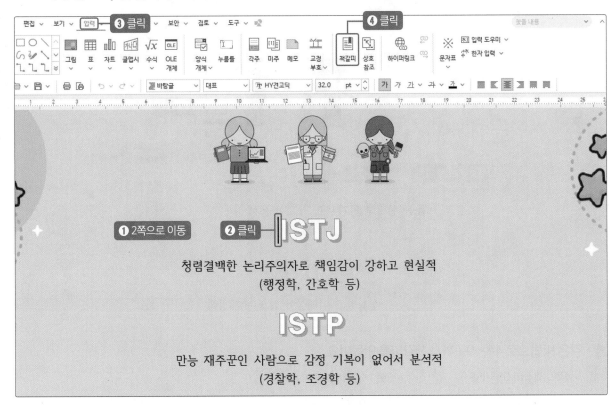

2 ▸ [책갈피] 대화상자에서 책갈피 이름**(ISTJ)**을 확인하고 <넣기>를 클릭해요.

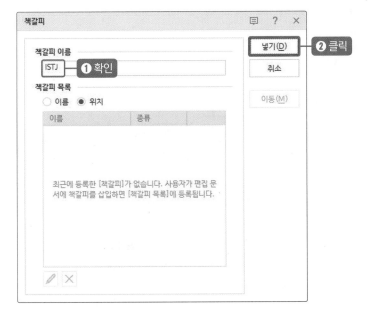

3 같은 방법으로 **3쪽 INFJ** 앞에 커서를 위치시키고 [입력] 탭-**[책갈피(📑)]**를 선택해요. [책갈피] 대화상자에서 책갈피 이름**(INFJ)**을 확인하고 <넣기>를 클릭해요.

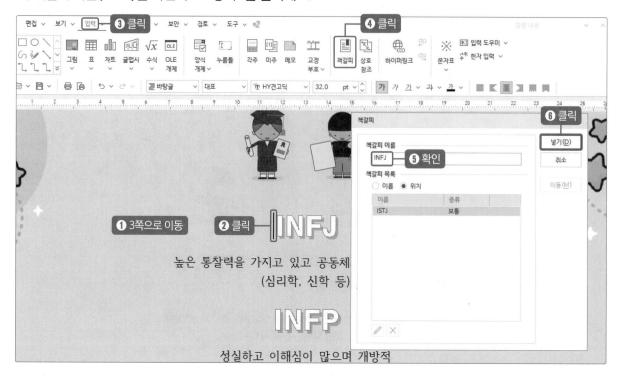

4 같은 방법으로 4쪽~9쪽까지 책갈피를 만들어요.

- 4쪽 : 책갈피 이름(ISFJ)
- 5쪽 : 책갈피 이름(INTJ)
- 6쪽 : 책갈피 이름(ESTJ)
- 7쪽 : 책갈피 이름(ESFJ)
- 8쪽 : 책갈피 이름(ENTJ)
- 9쪽 : 책갈피 이름(ENFJ)

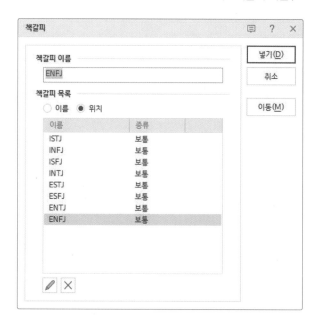

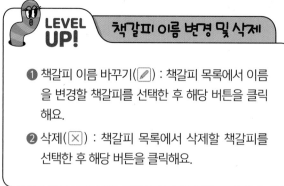

LEVEL UP! 책갈피 이름 변경 및 삭제

❶ 책갈피 이름 바꾸기(📝) : 책갈피 목록에서 이름을 변경할 책갈피를 선택한 후 해당 버튼을 클릭해요.

❷ 삭제(✕) : 책갈피 목록에서 삭제할 책갈피를 선택한 후 해당 버튼을 클릭해요.

1▸ MBTI 그림을 클릭하면 해당 쪽으로 이동하기 위해 **1쪽의 첫 번째 MBTI(ISTJ)** 그림을 선택한 후 [입력] 탭-[하이퍼링크(🌐)]를 클릭해요.

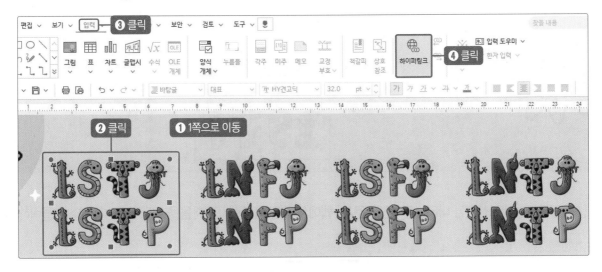

2▸ [하이퍼링크] 대화상자가 나타나면 [흔글 문서] 탭에서 **책갈피-ISTJ**를 선택하고 <넣기>를 클릭해요.

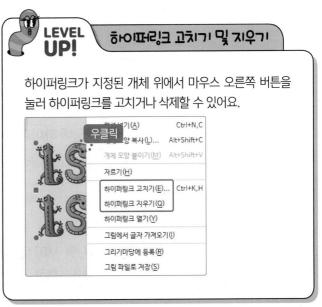

LEVEL UP! **하이퍼링크 고치기 및 지우기**

하이퍼링크가 지정된 개체 위에서 마우스 오른쪽 버튼을 눌러 하이퍼링크를 고치거나 삭제할 수 있어요.

3▸ 같은 방법으로 1쪽의 2~8번째 그림도 각각의 책갈피로 하이퍼링크를 지정해요.

- 두 번째 그림 : 책갈피 이름(INFJ)   • 세 번째 그림 : 책갈피 이름(ISFJ)

- 네 번째 그림 : 책갈피 이름(INTJ)   • 다섯 번째 그림 : 책갈피 이름(ESTJ)

- 여섯 번째 그림 : 책갈피 이름(ESFJ)   • 일곱 번째 그림 : 책갈피 이름(ENTJ)

- 여덟 번째 그림 : 책갈피 이름(ENFJ)

4 ▸ **2쪽에 있는 MBTI 그림을 클릭하면** 첫 페이지로 이동하기 위해 그림을 선택하고 [입력] 탭-[**하이퍼링크(🌐)**]
를 클릭해요.

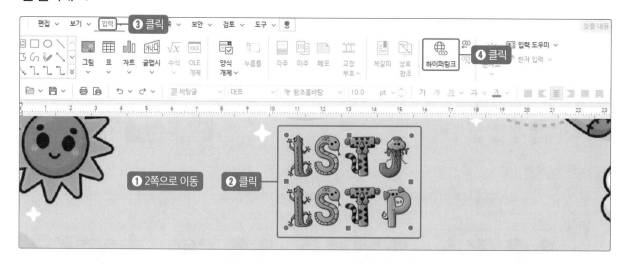

5 ▸ [하이퍼링크] 대화상자가 나타나면 [혼글 문서] 탭에서 **책갈피-문서의 처음**을 선택하고 <넣기>를 클릭해요.

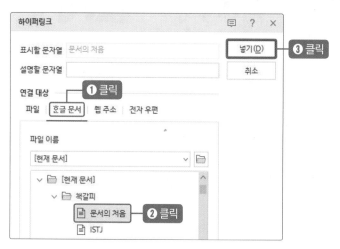

6 ▸ 같은 방법으로 **3쪽~9쪽**까지 MBTI 그림에 **하이퍼링크(문서의 처음)**를 지정해요.

7 ▸ 첫 페이지로 이동하여 Ctrl 을 누른 채 자신의 MBIT 그림을 클릭해요. 연결된 페이지로 이동하면 어떤 학과가
어울리는지 확인해 보세요.

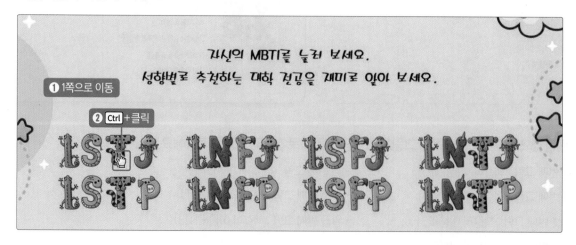

1 '심리테스트(예제).hwp' 문서를 불러와 작성 조건에 맞게 책갈피와 하이퍼링크를 만들고 적용해 보세요.

· 실습파일 : 심리테스트(예제).hwp   · 완성파일 : 심리테스트(완성).hwp

작성 조건
- 책갈피 삽입 : 2~7쪽의 설명 글상자 첫 글자(나의)에 책갈피 삽입
  - 책갈피 이름은 해당 동물의 이름으로 입력
- 하이퍼링크 지정(❶) : 1쪽의 각 동물 그림을 클릭하면 책갈피로 연결곳으로 이동
- 하이퍼링크 지정(❷) : 2~7쪽의 각 동물 그림을 클릭하면 첫 페이지로 이동

22

#동영상 #하이퍼링크

동영상으로 여행 브이로그 만들기

학습목표

⚡ 문서에 동영상을 삽입할 수 있어요.

⚡ 동영상의 크기 및 위치를 변경하고 재생할 수 있어요.

⚡ 개체에 동영상을 연결하여 재생할 수 있어요.

⚡ 동영상 · 한글 2022 문서에는 동영상을 삽입할 수 있기 때문에 복잡하고 어려운 내용을 생동감 있고 실감나는 문서로 작업할 수 있어요.

 미리보기

실습파일 : 여행 브이로그(예제).hwp   완성파일 : 여행 브이로그(완성).hwp

STEP 01 : 그림을 삽입하고 배치하기

1 ▸ **여행 브이로그(예제).hwp**를 불러와 그림을 삽입하기 위해 [입력] 탭-[**그림(📷)**]을 선택해요.

2 ▸ [그림 넣기] 대화상자가 나타나면 [22차시] 폴더에서 **제주도 지도, 해녀**를 선택하고 '문서에 포함'만 체크한
후 <열기>를 클릭해요.

3 ▸ 그림이 삽입되면 크기를 변경하고 그림처럼 배치해요.

STEP 02 : 동영상 삽입하기

1 ▸ 동영상을 삽입하기 위해서 [입력] 탭-[멀티미디어]-[**동영상**]을 선택해요.

2 ▸ [동영상 넣기] 대화상자에서 '문서에 포함'을 체크하고 **[동영상 파일 선택(🗀)]**을 클릭해요.

3 ▸ [동영상 넣기] 대화상자가 나타나면 [22차시] 폴더에서 **제주도**를 선택하고 <열기>를 클릭한 후 <넣기>를 선택해요.

4 ▸ 동영상이 삽입되면 개체를 더블클릭해요. [개체 속성] 대화상자가 나타나면 [기본] 탭에서 **글 앞으로**를 선택하고 <설정>을 클릭해요.

5 ▸ 동영상을 그림처럼 배치한 후 크기를 변경해요. 동영상이 선택되어 있는 상태에서 플레이 버튼(▶)을 클릭하면 동영상이 실행돼요.

6 ▸ 외부에 있는 동영상을 연결하기 위해 **해녀** 그림을 선택하고 [입력] 탭-[**하이퍼링크(🌐)**]를 선택해요.

7 ▸ [하이퍼링크] 대화상자가 나타나면 [웹 주소] 탭에서 웹 주소(https://www.youtube.com/watch?v= _Uk0P_gJbis)를 입력하고 <넣기>를 클릭해요.

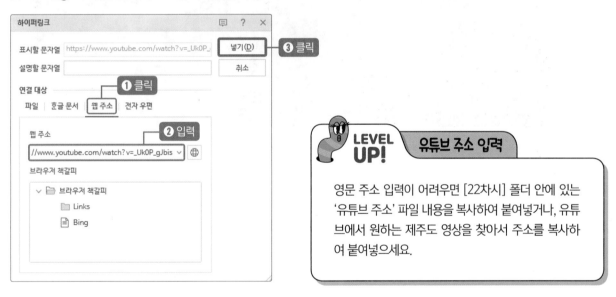

LEVEL UP! 유튜브 주소 입력

영문 주소 입력이 어려우면 [22차시] 폴더 안에 있는 '유튜브 주소' 파일 내용을 복사하여 붙여넣거나, 유튜브에서 원하는 제주도 영상을 찾아서 주소를 복사하여 붙여넣으세요.

8 ▸ Ctrl을 누른 채 **해녀** 그림을 클릭하여 보안 경고 창이 나타나면 <한 번 허용>을 클릭한 후 연결된 동영상을 확인해요.

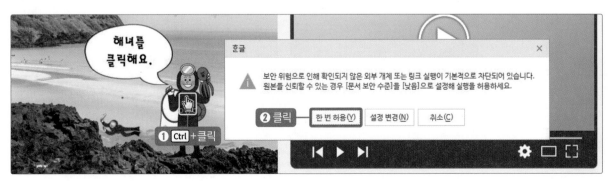

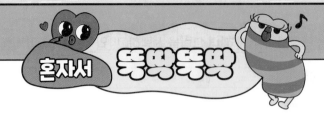

1 '우주비행사(예제).hwp' 문서를 불러와 작성 조건에 맞게 동영상을 삽입해 보세요.

· **실습파일** : 우주비행사(예제).hwp   · **완성파일** : 우주비행사(완성).hwp

작성
조건

· 우주비행사 그림 삽입
· 동영상 삽입 : 로켓발사.mp4, 글 앞으로
· 하이퍼링크 동영상 연결 : https://www.youtube.com/watch?v=tsZdZj5sXd8

23

다단으로 가족 신문 만들기

학습목표

☼ 다단과 다단 설정 나누기 기능을 활용하여 한 페이지에 여러 개의 단을 만들 수 있어요.

☼ 모양 복사 기능을 이용하여 다른 글자의 모양을 쉽게 바꿀 수 있어요.

☼ 머리말과 쪽 번호를 삽입할 수 있어요.

☼ **다단** 신문이나 회보, 찾아보기 등을 만들 때 읽기 쉽도록 한 쪽을 여러 개의 단으로 나누는 기능이에요.

☼ **모양 복사** 커서가 위치한 글자의 글자 모양이나 문단 모양, 스타일 등을 복사하여 다른 글자에 똑같이 적용시키는 기능이에요.

미리보기

실습파일 : 우리집 소식(예제).hwp   완성파일 : 우리집 소식(완성).hwp

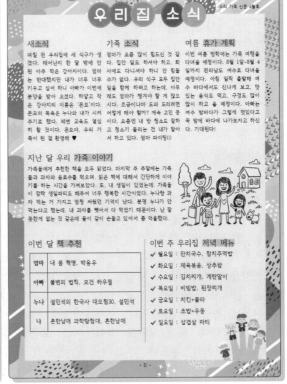

STEP 01 : 여러 개의 다단 설정하기

1 ▸ **우리집 소식(예제).hwp**를 불러와 다단을 지정하기 위해 **새소식** 글자 앞에 커서를 위치시킨 후 [쪽] 탭-
[단(▤)]-[셋]을 선택해요.

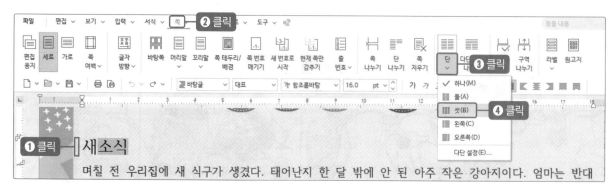

2 ▸ 문서가 3개의 단으로 나누어진 것을 확인해요. 이어서, 제목을 단의 가장 위로 이동시키기 위해 **가족 소식** 앞에
커서를 위치시킨 후 [쪽] 탭-[단 나누기(▤)]를 선택해요.

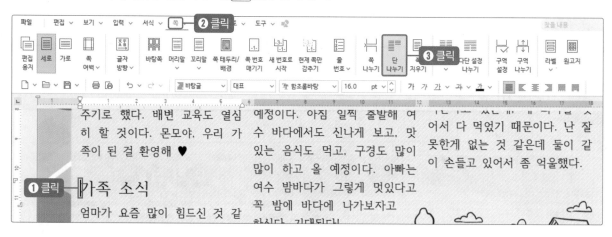

3 ▸ 같은 방법으로 **여름 휴가 계획** 앞에 커서를 위치시킨 후 [쪽] 탭-[단 나누기(▤)]를 선택해요.

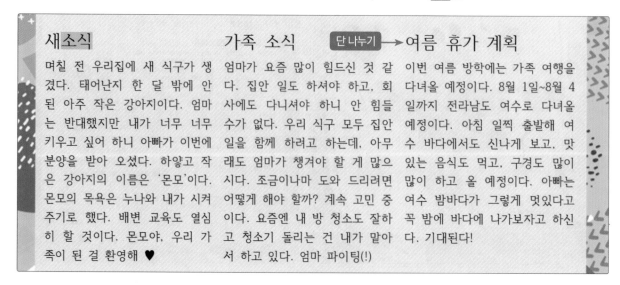

4 ▸ **지난 달 우리 가족 이야기** 문단을 1단으로 변경하기 위해 글자 앞에 커서를 위치시킨 후 [쪽]-[**다단 설정 나누기(▤)**]를 선택해요.

작업 도중에 실수를 하였을 경우 [서식] 도구 상자에서 되돌리기(↺)를 클릭하거나 Ctrl+Z를 눌러 다시 작업할 수 있어요.

5 ▸ 제목이 다음 줄로 이동하면 [쪽] 탭-[단(▤)]-[**하나**]를 선택해 1단으로 만들어요.

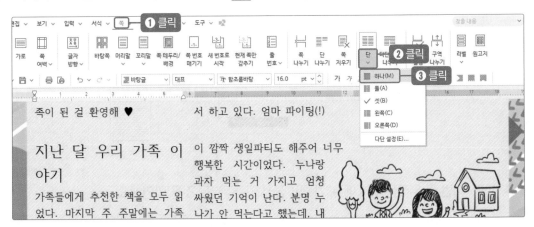

6 ▸ '지난 달 우리 가족 이야기'가 그림에 맞게 1단으로 지정된 것을 확인해요.

7 ▸ **이번 달 책 추천**을 2단으로 만들기 위해 글자 앞에 커서를 위치시킨 후 [쪽]-[**다단 설정 나누기(▤)**]를 선택해요.

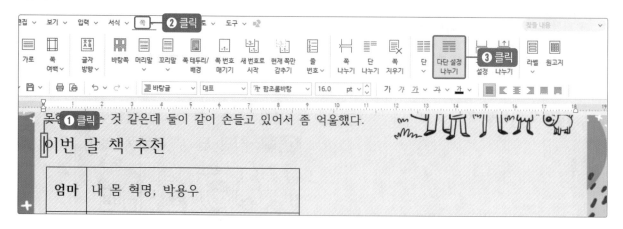

8 ▸ 문단이 한 줄 아래로 이동하면 [쪽] 탭-[**단(▤)**]을 클릭해요. [단 설정] 대화상자에서 **단 개수**와 **구분선**을 지정하고 <설정>을 클릭해요.

❸ 2 ❹ 구분선 넣기 ❺ 점선

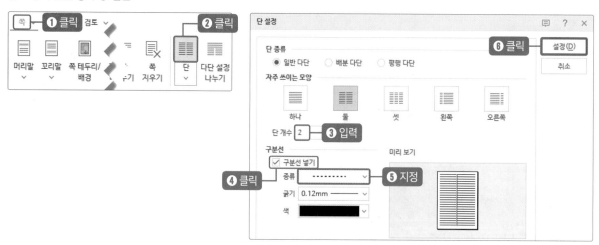

9 ▸ "이번 달 책 추천"과 "이번 주 우리집 저녁 메뉴"가 2단 점선으로 구분된 것을 확인해요.

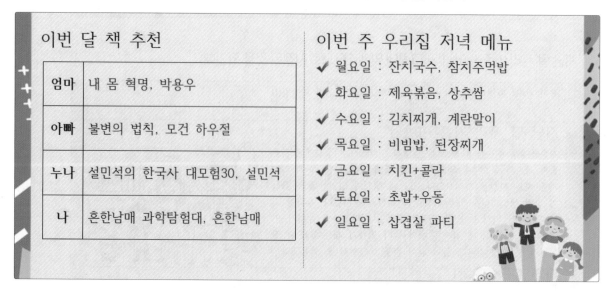

STEP 02 : 모양 복사하기

1 ▶ 글자에 적용된 모양을 복사하기 위해 "소식"의 **"소" 글자 뒤에 커서**를 위치시키고 [편집] 탭-**[모양 복사(📝)]**를 선택해요.

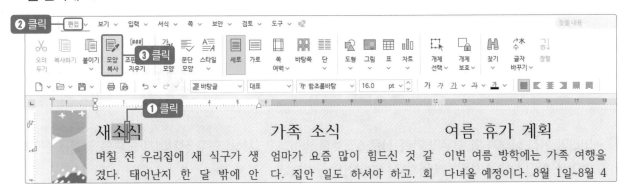

2 ▶ [모양 복사] 대화상자에서 **글자 모양과 문단 모양 둘 다 복사**를 선택하고 <복사>를 클릭해요.

3 ▶ 복사된 모양을 적용할 글자를 블록으로 지정하고 [편집] 탭-**[모양 복사(📝)]**를 선택해요. 같은 방법으로 다른 제목에도 모양 복사를 적용해요.

1 ▸ 머리말을 추가하기 위해 [쪽] 탭-[머리말(圖)]-[위쪽]-**[(모양 없음)]**을 선택해요.

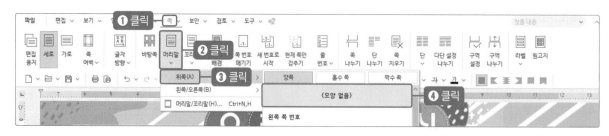

2 ▸ 머리말 편집 상태가 되면 **우리 가족 신문 6월호**를 입력하고 [서식] 도구 상자에서 **오른쪽 정렬**을 선택해요. 이어서, 편집 상태를 종료하기 위해 [닫기(⊗)]를 클릭해요.

3 ▸ 이번에는 쪽 번호를 넣기 위해 [쪽] 탭-**[쪽 번호 매기기(⊡)]**를 선택해요. [쪽 번호 매기기] 대화상자에서 **번호 모양(I, II, III)**을 선택하고 <넣기>를 클릭해요.

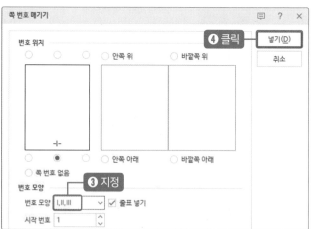

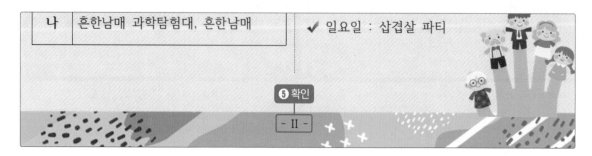

혼자서 뚝딱뚝딱

1 '역사인물(예제).hwp' 문서를 불러와 작성 조건에 맞게 문서를 편집해 보세요.

· 실습파일 : 역사인물(예제).hwp   · 완성파일 : 역사인물(완성).hwp

★ 대한민국을 빛낸 위대한 인물들

한국을 지킨 위대한 인물

☑ 유관순(柳寬順)
1902~1920

3.1 운동, 천안 아우내 만세운동
일제 강점기의 독립운동가. 1918년 이화학당에 다니다가 1919년 3.1운동이 시작되자 운동에 적극 가담했다. 휴교령이 내리자 고향인 천안으로 내려와 천안 아우내 만세 운동을 주도한다. 이에 부모님이 살해당하고 자신도 체포되었지만, 재판을 받는 도중 일본 재판장에게 의자를 던지는 등 독립의지를 보인다. 옥중에서도 대한독립만세를 외쳤지만, 1920년 모진 고문을 이기지 못하고 옥사했다.

☑ 안중근(安重根)
1879~1910

이토 히로부미 사살, 대한의군 참모중장, 동양 평화론
조선 말기 의병장. 어린 시절부터 사격의 명수로 유명했고, 계몽 사업을 중심으로 활동했다. 1907년에는 국채보상운동에 참여하기도 했다. 일제의 침략이 확대되자 러시아 블라디보스토크로 망명한 이후 의군을 조직해 참모중장으로 임명된다. 1910년 하얼빈 역에서 일제 침략의 주범이던 이토 히로부미를 사살하여 체포된다.

- 1 -

작성 조건

· 단 설정 : 3쪽까지 인물을 기준으로 점선을 넣어서 2단으로 설정
· 단 나누기 : 이름 맨 왼쪽 체크 박스(☑ 홍범도) 기준으로 단 나누기 설정
· 모양 복사 : '☑ 유관순(柳寬順)'
· 머리말 : ★ 대한민국을 빛낸 위대한 인물들
· 쪽 번호 : 번호 위치-오른쪽 아래

#액티비티

두근두근 세계 여행

✿ 오늘은 우리 책의 마지막 시간! 쉬어가는 시간을 가져 볼게요. 여러 나라의 국기를 활용하여 친구들과 함께 재미있는 퀴즈를 풀 수 있도록 세계 여행을 떠날 예정이에요. 세계 여러 나라에 대해 미리 알아보고 내가 여행하고 싶은 나라를 생각한 후 친구들과 이야기를 나눠보세요. 자 그러면 친구들과 함께 퀴즈를 풀어보면서 세계 여행을 떠나 볼까요?

미리보기

실습파일 : 세계여행(예제).hwp   완성파일 : 세계여행(완성).hwp

놀이 인원

한 팀당 2~3명

놀이 시간

30분

놀이 방법

❶ 2~3명이 하나의 팀이 됩니다. 각 팀의 구호를 정해 보세요.

❷ 미리 2~3쪽의 나라별 특징을 알아보세요.

❸ 출발 지점에서 주사위를 던져 나온 숫자만큼 이동해요.

❹ 이동 후 도착한 나라의 이름을 말해보고, 선생님이 퀴즈를 내주세요.

❺ 정답을 아는 팀은 팀 구호를 외친 후 답을 말해요.

❻ 맞히면 그 칸에 해당 팀의 스티커를 붙여요. 틀리면 다른 팀으로 기회가 넘어가요.

❼ 한 바퀴를 돌아 문제를 모두 풀면 가장 많이 맞힌 팀이 승리해요!

STEP 01 : 하이퍼링크와 그림 글머리표 지정하기

1 ▸ **세계여행(예제).hwp**를 불러와 [입력] 탭-**[책갈피(📑)]**를 선택해요. [책갈피] 대화상자가 나타나면 국가 이름으로 지정되어 있는 책갈피를 확인하고 <취소>를 클릭해요.

2 ▸ 국기를 클릭하면 해당 국가에 대한 설명을 보여 주는 곳으로 이동하기 위해 대한민국 국기 그림을 선택하고 [입력] 탭-**[하이퍼링크(🌐)]**를 클릭해요.

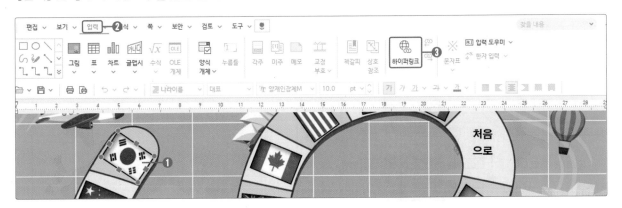

3 ▸ [하이퍼링크] 대화상자가 나타나면 [훈글 문서] 탭에서 **책갈피-대한민국**을 선택하고 <넣기>를 클릭해요.

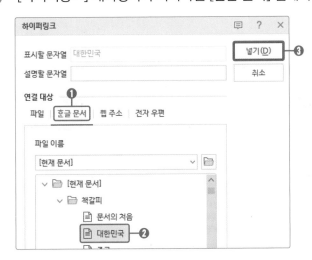

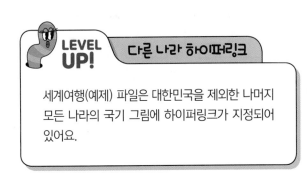

LEVEL UP! **다른 나라 하이퍼링크**

세계여행(예제) 파일은 대한민국을 제외한 나머지 모든 나라의 국기 그림에 하이퍼링크가 지정되어 있어요.

4 ▸ **2쪽**의 국가 설명 셀을 드래그하여 블록으로 지정하고 [서식] 탭-[그림 글머리표]-**[그림 글머리표 모양]**을 선택해요.

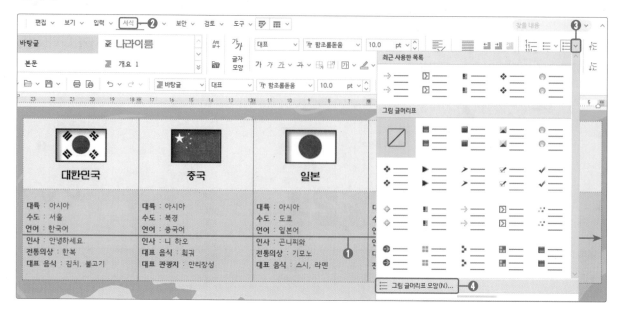

5 ▸ [글머리표 및 문단 번호] 대화상자가 나타나면 [그림 글머리표] 탭에서 **별 모양**을 선택하고 <설정>을 클릭해요.

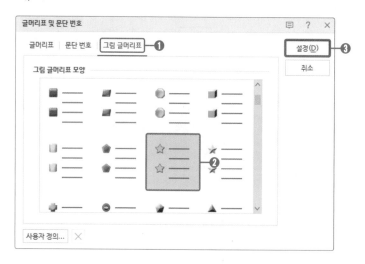

6 ▸ 같은 방법으로 모든 국가 설명에 그림 글머리표를 지정해 보세요.

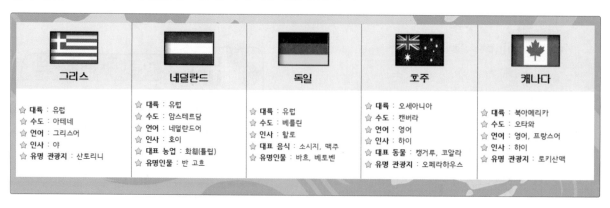

STEP 02 : 인터넷에서 주사위 사용하기

1▸ 게임을 하기 위해 구글 크롬을 실행한 후 **주사위 던지기**로 검색해요.

2▸ 주사위 던지기 화면이 나오면 [Roll]을 클릭하여 주사위 숫자를 확인하세요. 주사위 숫자만큼 칸을 이동하여 국가 이름과 설명에 대한 문제의 답을 맞혀 보세요.

MEMO